変わり続ける

人生のリポジショニング戦略

出井伸之
Idei Nobuyuki

Repositioning

ダイヤモンド社

はじめに

一生働き、一生遊ぼう

——人生のリポジショニング戦略

ソニーのCEOを退任し、独立してから10年が過ぎた。

大企業のサラリーマン時代も充実していたけれど、辞めてからの人生は、さらに面白くなった。退任後はすぐに起業、「クオンタムリープ」という会社をつくった。他にも、いくつかのグローバル企業の社外取締役やアドバイザリーを務めている。それもあって、年に10回以上、海外に飛んでいる。こんな具合で、今も現役のビジネスパーソンなのである。

クオンタムリープでは、これはと思ったベンチャーを応援している。

中国の巨大ITベンチャーから日本の電気自動車ベンチャーまで、実にさまざま。40歳以上も年の離れたベンチャーの人たちと、メシを食べに行き、人工知能や未来について語り合う。いわゆる会社勤めではないので、今では仕事とプライベートの境目はない。

語り合う相手はビジネスパーソンだけではない。研究者やアーティストなど、面白い人たちとの交流は実に楽しい。彼らのイベントに参加したり、ときには人生相談に乗ったりすることもある。

若い人たちを応援して一番得しているのは、ほかならぬ僕自身なのだ。

現在、僕は70代後半になったが、いわゆる「リタイア生活」は送っていない。

休日は家族で国内旅行を楽しんだり、旧友たちとゴルフに出かけたりすることもあるが、それは人生の一部分に過ぎない。

クオンタムリープCEOという一応の名刺はあるものの、社会的、公的な立場としての肩書きは、今の僕にはない。ソニーOBとしての名刺も持っていない。

ただの「出井伸之」として、今を生きている。

そういう意味での僕の肩書きは、「自由人」かもしれない。

70代後半にして、どうしてこんな毎日を送れているのかと、多くの人に聞かれる。

その理由は何か、真剣に考えたことが、この本を書くきっかけとなった。

これまでの自分の人生を振り返って、気づいたことがある。

忙しいながらも楽しく充実した毎日を送れているのは、**「人生の中で、何度も『リポジション』をしてきたからだ」**と。

リポジション。

言い換えれば、**自分が置かれている環境を、意識的に変えること**である。

もちろん、ただ環境を変えればいいのではない。**同じ場所に居たとしても、そこで起こっている価値観の変化を受け入れ、柔軟に対応し、自らを進化させていくこともまた、リポジション**だ。

ソニーの社長になった、起業した、これらすべては、結果論でしかない。しかし、その過程の中で、いくつものリポジションを経験した。転勤だったり、新しい仲間との交流だったり……。こうしたリポジションが、結果としていろいろなキャリアを経験させてもらうきっかけになったことは、間違いない。

後で詳しく述べるが、振り返ってみて思うのは、**40代の「リポジション」は、その後の人生を大きく変えることになる、**ということである。

仕事が安定しそうになる40代に、あえて自分が置かれている環境を変えるというのは、正直、勇気のいることだ。しかし、その決断こそが、結果的に人生を大きく変えることになった。

今の40代のビジネスパーソンは、あと25年、もしかしたら30年以上、現役で働くことになるかもしれない。20代、30代であれば、もっと長い「働く人生」が待っている。50代、60代の人も、まだまだ元気で、自らの可能性を秘めているはずだ。**年齢や今の立場に関係なく、「リポジション」できる人は、いくつになっても成長できる。**僕はそう思っている。

働かされるのではなく、楽しんで働くことが、結果として長く働けるコツ。楽しんで働くためには、自らの価値を高めることが不可欠である。

他の人とは違う強みを持つことで、必要とされる人になることは、自分の価値を高めることにつながる。そして、**自分の価値を高めるための方法として「リポジション」は極めて有効**だと僕は思っている。

「リポジション」とは何か。どうして僕が「リポジション」できたのか。これまでの自分のキャリアを振り返りながら、人生を変える「リポジション」の考え方とその方法についてお話ししたい。

　この本には、失敗や回り道の経験など、僕のありのままの姿を書こうと思っている。今はまだ自分の将来に対し何のプランも描けていないという人も、心配しないでほしい。この本を読んで、少しでも前向きな気持ちになって「出井にもできるのなら、自分にもできる」と感じていただけたら幸いである。

目次

第2章 失敗は必ずするもの ――耐える力と復元力を身につけよう

序章

人生は「岐路」の連続だ

誰もが人生の中で、多くの選択をしている

自分が置かれている環境を意識的に変えることで、人生のステージに変化をもたらし、その先に大きな可能性を生み出すことができる。

誰もが人生で、さまざまな選択をしてきていると思う。

例えば……

10代の選択　進学が一番大きな選択だろう。どんな学校に行こうか、文系か理系かなど。受験の合否なども広義の「選択」かもしれない。

20代の選択　「社会との接点」を選択する重要な時期だ。就職のみならず研究の道に進む、アーティスト活動を行うなど、自分のやりたいことを実現する「場所」選びでもある。ほかにも、結婚が挙げられる。これは「独立組織」（家庭）づくりという方法で、親からの独立を実現することでもある。

30代の選択　仕事、会社での転機。「果たしてこのままで良いのだろうか？」と、立ち止まったり、自分探しをしたりするときでもある。

40代の選択　自分の「場所」を求めて深く悩むとき。ある程度仕事もわかり、会社での立ち位置も決まってくる頃。実は、**人生最大の岐路が40代**である。

誰もが人生で
さまざまな選択をしている

10代の選択	進学
20代の選択	社会との接点、自分の人生プランの選択 （企業人、学者、アーティストなど）
30代の選択	仕事・会社での転機 （自分探しをするとき）
40代の選択	**人生最大の岐路**
50代の選択	人生後半をどう過ごすかを考える
60代以後の選択	第三の人生を踏み出すとき

誰もが自分の人生の中で、
知らず知らずのうちに、
多くの選択をしている。

50代の選択　定年へのあせり。人生後半をどう過ごすかを考えるとき。

60代以後の選択　第三の人生を踏み出すとき。私の場合は「自由人としての自分」を選択したのが、このときである。

こんなふうに、誰もが自分の人生の中で、知らず知らずのうちに、多くの選択をしていることになる。この選択のときに、「リポジション」という考えを持っていると、より戦略的かつポジティブな選択ができるかもしれない。

人生の岐路。

振り返ると、私の人生の最大の岐路は5つあった。

1．ソニーに就職する（20代）

ソニーというユニークな会社に狙いを定め、「留学前提」で就職活動を進めた。井深大《いぶかまさる》さんと盛田昭夫《もりたあきお》さんという、2名の創業者との出会いも大きかった。

2．「部門経営者」を狙う（40代）

営業スタッフからプロダクト事業の責任者へのリポジション。

3．社内シンクタンクを創設する（50代）

本社後輩と高い視点からシンクタンクをつくって「未来を見た」時代。シンクタンクでは、技術の未来と10年後のソニーを分析。次の時代のことを真剣に考える。

4. 広報宣伝デザイン部門担当役員としてマスコミ、メディアと対峙する（50代）

5. ソニーの役職を退き、「クオンタムリープ」を立ち上げる（60代）

「経験」の上に、個人としての価値を加え、個の価値で働く生き方を選択。

いずれにも共通するのは、リスクをとって、**自ら意識的に自分の環境を変えることを決断した点にある**。特に2の「部門経営者」になるという決断が大きかった。キャリア的にはようやく安定しつつある40代でのリポジションである。

それまでの本社スタッフから大きく変わり、「部門経営者」であるオーディオ事業部長になって、僕に見える景色は一変した。間接部門から事業部門に変わると、まるで違う世界が広がっていた。メーカーがどうやって価値を生み出しているのか、僕は現場で見ることができたのだ。

しかも、オーディオの事業を率いる一国一城の主でもある。こうなると、考え方はまるで変わってくる。僕はここを目指すために会計からM&Aまで、いろんな勉強をしていたが、ここで驚くほどの成長をしたのだと思う。書籍『新クリエイティブ資本論』（リチャード・フロリダ／ダイヤモンド社）でいうところの、「ワーキング・クラス」から「クリエイティブ・クラス」へと、シフトすることができたのである。

このときの僕の事業部長就任は、後の社長就任以上に、会社で大騒ぎになった。結果的に、ここから僕のキャリアは想像もしていなかった方向へと舵を切っていくことになる。コンパクトディスクプレーヤーの発売、コンピュータ事業、レーザーディスク、ビデオ事業の事業転換……。役員になってからも、本当にいろんな仕事をすることになった。

そして、その先に14人抜きといわれた社長職があった。もともと僕は、自分が社長になるなんて、夢にも思っていなかった。

会社員人生のプランABC

自分の過去を振り返って、思うことがある。

会社員にとって必要なものは「1つのプラン」ではなく、**複数のプラン**であるということ。大きな変化を起こし、次の新しい成長軌道に乗るための、**「ABC戦略」**である。

具体的に説明しよう。

プランAとはすなわち、**就職活動から新入社員に始まる一般社員時代**である。ほとんどの人が、このプランしか思い描かず、入社後は会社任せになってしまう。

プランBは、中堅社員になってからの時代。40代あたりで迎える転換点である。

さらに、**プランCが会社員人生としての集大成の時代**だ。

僕の場合、ヨーロッパ駐在に始まり、営業スタッフなどを経験していたのが、プランA。42歳で、文系出身者としてはじめてオーディオ事業部長になり、技術者と侃々諤々の議論ができ、事業部の経営を見ることができるようになったのが、プランB。そして、社長、会長を務めた10年が、プランCである。

もし「自分にはプランは1つしかない」と思い込んでいたら、僕にとっての「プランB」「プランC」はなかったことになる。正直なところ、当事者としての当時は、そんなことは意識していなかった。しかし、実際に「プランB」「プランC」を僕は実践していたのである。だからこそ、「プランD」に踏み出したのだ。これが、ソニーを退いてからの10年である。

「ABC戦略」の反対にあるのが、**「XYZ戦略」**である。

すべての組織は新しいことで起業し、やがてそれが伝統となり、次の事業に進む。このとき、伝統は変化に対する抵抗勢力となり、あまりにこの力が強いと組織は時代の変化についていけず、力が衰える。

既存の事業の「延長線上」で考える「XYZ戦略」は、本当の意味での変化ではない。延命措置、問題先送り的な戦略である。

真の成長軌道に乗るには、伝統から革新へと大転換する必要がある。

個人の戦略も企業の戦略も同じである。

既存のキャリア、つまり1つのプランの延長線上で次を考える「XYZ戦略」では、もはや生き残っていくことは難しい。自身のキャリアを振り返り、その価値を再定義し、**新たな成長の機会を、自らつくっていく必要がある。**

これこそが、リポジションなのである。

いうのはたやすいけれど、**変革にはパワーが必要**だ。人間の身体だって、仮に10キ

伝統的「XYZ戦略」から
革新的「ABC戦略」への転換

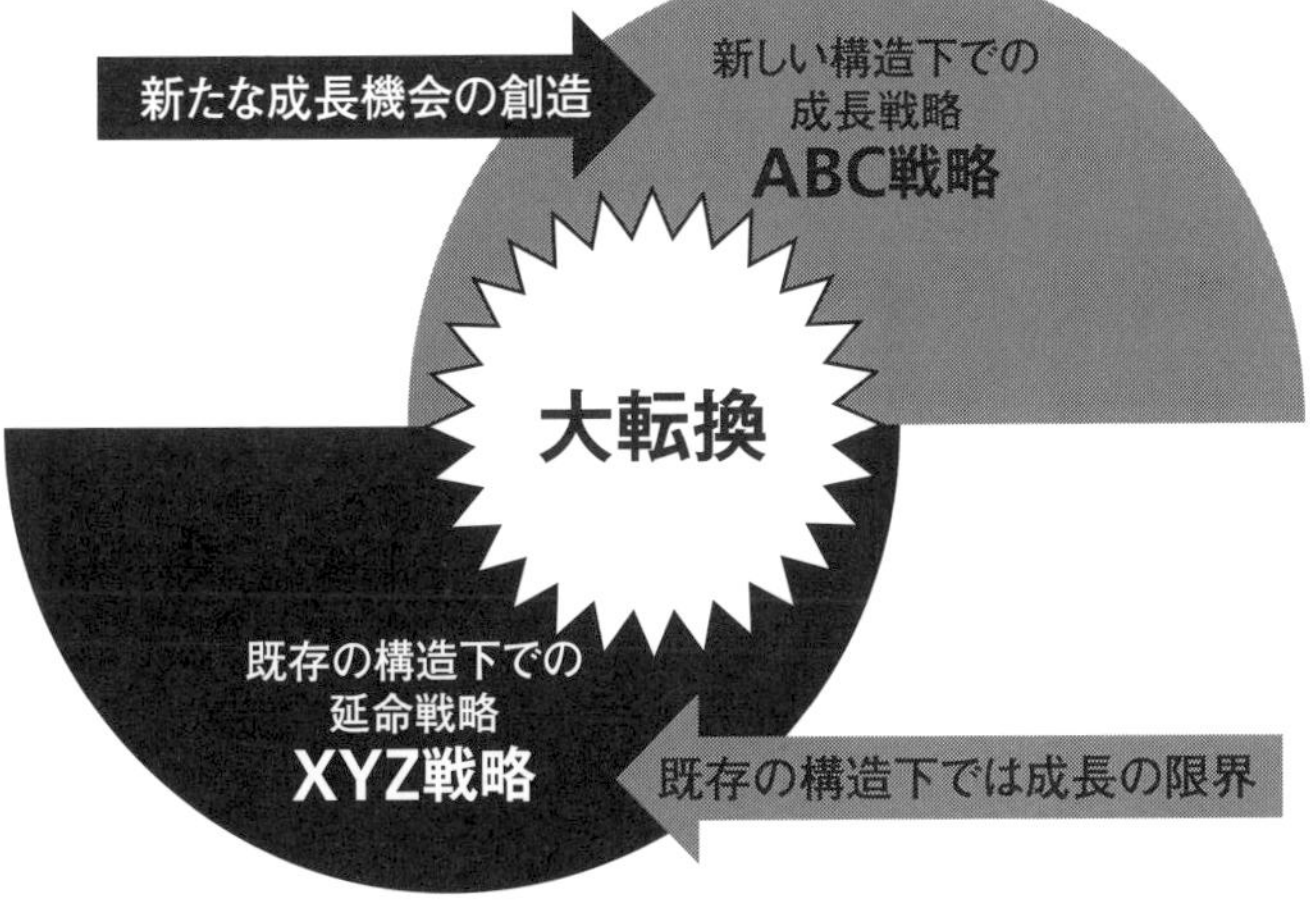

本当の成長軌道に乗るためには、
伝統から革新へと
大転換する必要がある。

ロ減量しようとすると、どれだけの抵抗があるか。意思の力、継続的な運動、食事制限、挙げればキリがない。それ以前に大切なことは、本人が「変わろう」と決意し、自らリポジションを選択することである。

社会、人、企業、産業が個性を生かしつつ、良い変革をしていけるかどうか。これが組織および私たちの成功の鍵である。

では「ABC戦略」で大転換を実現するため、良い変革を成し遂げるためには、何が必要だろうか。それは**リーダーシップ**である。

組織の中にいれば、いわゆる「抵抗勢力」を味方につけることが重要であり、彼らを変革へと導くリーダーシップが、新しい試みを成功させるポイントとなる。

個人も同様に、自身を未経験の環境に連れて行けるような強いリーダーシップが必要とされる。

こんなふうにリポジションについて書いてみたが、これらはすべて、私の人生経験を振り返って、後から気づいた理屈である。これから次のステップをどうするか悩んでいる読者のみなさんには、何かのヒントになってくれるものと思っている。

人生の黄金期45歳が、キャリアの大きな分岐点

特に重要になるのが、40代半ばのリポジションだ。

30代から40代にかけての「大転換」である。これをやるかやらないかで、その後の自身の可能性は大きく変わっていく。

心から尊敬し、長くおつき合いをいただいている方に、ノーベル賞受賞者の江崎玲《えさきれ》於奈《おな》さんがいらっしゃる。以前、江崎さんから極めて興味深いマトリックスをいただいた。

横に年齢軸、縦に大きさ軸を置き、「クリエイティブマインド」の直線と、「分別心」の直線を引いてみた図である。

クリエイティブマインドは、年齢とともに衰えていく。言い換えれば「才能」である。その一方で、年齢とともに大きくなっていくのが、分別心。言い換えれば「経験」である。そして、ちょうどクロスする年齢が45歳なのである。

これが何を意味するのか。

45歳が人生の黄金期であるということだ。

45歳は人生の黄金期

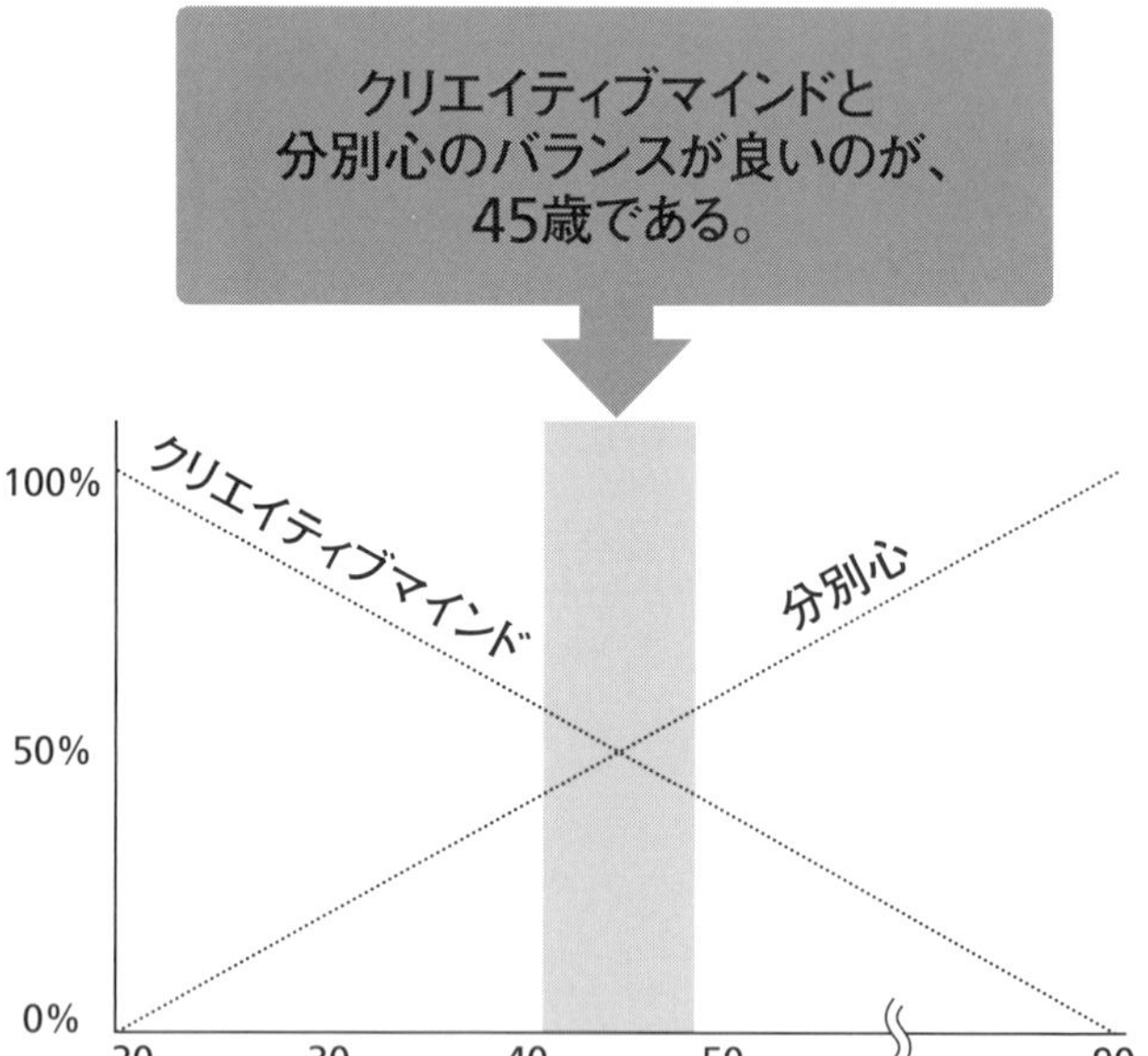

江崎玲於奈博士"Change accrding to Age"より引用(一部修正)

40代半ばのリポジショニングは
重要である。

つまり、**才能と経験のバランスが最もよく、自分の力をいかんなく発揮できる**というわけ。ゆえに**人生の黄金期**なのだ。

運動能力が求められるアスリートの最盛期や、将棋、チェスなどのクリエイティブな思考力が求められる競技のチャンピオンは、クリエイティブマインドが高く求められるので、交差するポイントが45歳より若いことが多い。このチャートは、人生の岐路の考え方であり、大きな示唆を与えてくれる。

クリエイティブマインドと、経験からなる分別心のバランスが交差するのが、45歳前後である。このタイミングでのリポジションを考えておくことが、いかに重要であることが、ご理解いただけたと思う。

調べてみると、興味深いことがわかった。江崎玲於奈さんがノーベル賞を受賞したのは、48歳。外資系トップの草分けであるＩＢＭの椎名武雄《しいなたけお》さんが社長になったのが、45歳。今年亡くなった任天堂の岩田《いわた》聡《さとる》さんも、社長就任は42歳だった。三島由紀夫《みしまゆきお》が自殺したのが、45歳。他にも、40代半ばで転機を迎えていた人はたくさんいたのである。

重要なことは、２つが交差する、人生の最も充実した**45歳で、「リポジション」が図れるか**だと感じた。「リポジション」できなければ、クリエイティブマインドは失われ、分別心だけが大きくなる。そうなると、うるさくて面倒なだけの中年になっていくしかないのである。

しかし、「リポジション」をすれば、クリエイティブマインドの直線を右肩下がりにしなくて済むようになるのだ。なぜなら、環境を変え、大転換を図れば、ゼロからクリエイティブマインドを発揮し続けなければいけなくなるからである。

「リポジション」はクリエイティブマインドを下げないよう、常にわくわくしながら自分を成長させていける方法でもあるのだ。

企業は30年。ビジネス人生は50年以上

環境を変えるのには、リスクがある。居心地も一時的には悪くなる。

慣れた環境で、いろいろな物事がわかった中で、ベテランの顔をしていたほうが、心地いいに決まっている。その状態がずっと続いていくという「保証」があれば、それで構わないと思う。しかし、これこそが、多くの会社員が陥ってしまう罠だと僕は

思っている。

ある日突然、大きな変化が訪れる時代、これからの会社員には既存の延長ではない変革、「ABC戦略」が必須になると思っている。

意識的に「リポジション」を選択し、環境を変え、クリエイティブマインドを維持したまま自分の価値を高めていく。そして、その延長線上に「プランD」がある。一生、仕事を楽しんでいける、というステージである。

高度成長期の日本企業では、「プラン」は1つで良かった。右肩上がりで来年のことがある程度見えた。そんな時代であれば、既存の延長線上にある「XYZ戦略」が有効だった。しかも、会社は安定していた。一生、働き続けられるという安心感が、会社員にはあった。

ひるがえって、今はどうか。

企業間競争は激化し、会社の旬の期間はどんどん短くなっている。テクノロジーのサイクルは驚くほど速い。人間の寿命はますます長くなり、長期間、働きたいというニーズはますます高まってきている。

企業の寿命は30年。

一方のビジネス人生は50年以上。

つまり、僕たちは、**企業よりも寿命が長い時代に生きているのだ**。こんな時代にあって、既存の延長線上で本当に生き残っていけるのだろうか。

これからは、企業の寿命に合わせ、「ＡＢＣ戦略」を自ら選択していくことが求められてくる。

寿命と書くと、会社は30年でつぶれてしまうのかと心配する人もいると思う。そうではない。30年の間に、コアの事業を違うものにシフトするなどして、企業は生き延びていく必要がある。富士フイルムの例などを見ればわかるだろう。

企業の「旬」は18・1年というデータもある。私たちの平均寿命の83・7歳と比べると、いかに短いことか。

では具体的に何をすればいいのだろうか。

そのときどきにおいて、ある程度の専門分野を持ち、３つくらい仕事（業務や職種）、あるいは会社を変えていく。そのくらいの意識を持っておいたほうがいいと思う。「リポジション」するから、成長のステージも変えられる。**大きなジャンプが期待できるのだ**。

人間の寿命のほうが
企業の繁栄よりずっと長い

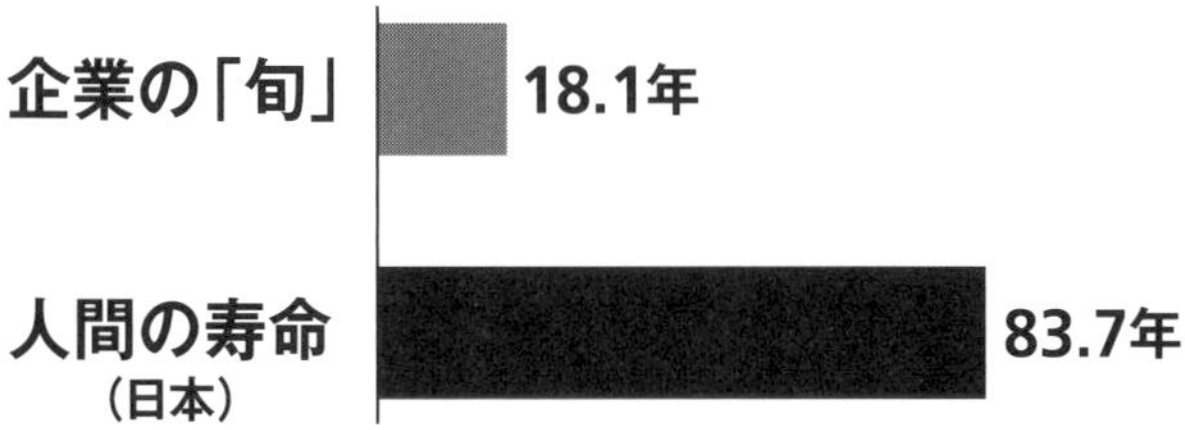

このような時代だからこそ、
「既存の延長線上」ではない
大転換が求められる。

もとより言葉を換えれば、「自分は今、何ができるのか」ということを常に持っておかないといけない。そうすれば、企業が変わったとしても、自身の強みを発揮できる人材になれる。実際、そういう人材が、年齢に関係なく、僕の周りでは増えている。**どこで働いているのかではなく、何をしているのかが問われる時代**である。

そして、「プラン」を大胆に変えていくことが、よりその価値を高めていくことにつながるのである。

これから旬の短くなる企業は、常に変化していけるよう、自らのサイズを小さくしていき、機動力を上げていくだろう。これは個人も同じである。

変革は企業だけでなく、個人にも求められている。

社会のニーズに自分のスキルを合わせていく。その際に、効果的に使ってほしいのが「リポジション」なのだ。

かのP・F・ドラッカー教授も著書『イノベーションと企業家精神【エッセンシャル版】』（ダイヤモンド社）の中で「企業家は変化を当然かつ健全なものとする」と述べている。

自分の人生を振り返ってみて、改めて感じたことがあった。

どうやら僕は「リポジション」体質ともいうべきものを持っていたようである。40代の事業部長はその象徴的なものだが、それ以外にも自分の環境を大きく変えるようなことを、何度も経験していた。

では、どうしてそんなことができたのか。どういう考え方がベースにあったのか。それをひもといてみたのが、この本である。

これまでの延長線上から、まったく新しい場所、異次元へ。

そのとき、どんな発想をすればいいのか。そして、激しい変化の時代において強く生きていくためには、どんなことを意識しておけばいいのか。さっそくご紹介していきたい。

第1章

「当たり前」は続かない

——少しの勇気で一歩踏み出す

変化の激しい今、「当たり前」は続かない

昨日と同じ今日はやってこない。

当たり前だと思っていることが、明日には非常識になることもある。変化の激しい今、「当たり前」は続かないことを、改めて意識すべきだと思う。

目の前の常識を疑うようになったのは、中国・大連で、終戦を迎えたことが大きかったと思う。経済学者で戦争に反対だった父の赴任先である大連で迎えた終戦。僕は7歳だった。

このとき、目の前で常識を疑う出来事が、たくさん起こったのだ。

日本の敗戦が色濃くなってくると、さまざまな状況が豹変していった。

それまでは日本人の子供のほうが威張っていたのに、中国人にオモチャを取られてしまった。それからソ連軍が攻めてきた。

日ソ中立条約がある、ということを父親に聞かされていた。ところが、当時のソ連にはそんなものはまったく関係がなく、ひどい状況が繰り広げられていた。

昨日までは「クロ」だったものが「シロ」になる。価値観が根底から覆された。小学校2年生だった僕には、衝撃的な出来事だった。

飲み友達でもある、作家のなかにし礼《れい》さんとよく話をする。彼も同様に、子供の頃、中国からの引き揚げ船に乗っていた。「あの船に乗って、果たして日本に帰れると思ったか」と彼に聞くと、「本当はどこに行くのかわからなかった」と話していた。僕も同じだった。

人生や将来がどうなるかわからないという状況に置かれた約1年は、僕の人生に大きな影響を与えることになった。**何が起きるかわからない、思い通りになどいかない、という基本的な原則**である。そして常に冷静に、シビアに、目の前で起きていることを認識しなければいけないと考えるようになった。

言い換えれば、今の状態がずっと続くわけではないということ。いや、続くはずがないのである。

変わらない世の中などない。戦争体験が、僕の原点になっている。

常に世の中は変わり続けているのだ。

最初の「大転換」は、おとなしい子供からの脱却

後に大企業の社長になったくらいだから、さぞや幼少の頃からリーダーシップを発揮していたのではないか、という想像を持たれる方が多いようなのだが、現実はまったく違う。僕はとてもおとなしい子供だった。

頼りないし、リーダーシップなどなかった。小・中・高の同級生にいわせると、「なんで出井がソニーの社長なんだ？」という印象だったようである。

なぜ僕がおとなしかったのか。分析すると、やはり戦争体験にあったと思う。終戦直前に勝ち組に乗り換えたソ連の兵士たち。彼らが乗っていた戦車に書かれていた「メイド・イン・ＵＳＡ」の文字は、今でも鮮明に覚えている。僕はそうした光景を見て、パニックになった。とにかく、おとなしくしていないと殺されてしまうと思った。

おとなしい自分から目覚めていくこと。

それこそが、僕にとっての最初のリポジションだったように思う。

では、何が自分を変えるきっかけとなったのだろうか。

小学校時代の「ある出来事」がきっかけとなった。

学内のいじめっ子を、みんなでやっつけたのである。

僕はどちらかというと、おとなしかったこともあり、いじめられっ子だった。そこで、同じくいじめられている子たちと団結して、いじめっ子にクーデターを起こし、やっつけたのだ。

そうしたら、小学校の先生に「よくやった」とほめられたのだ。今の時代では考えられないかもしれないが、自分たちで考え、力を合わせ、勇気を振り絞って、目の前の問題を解決しようとしたことを、先生はほめてくれたのだと思う。

こうして、**自分たちの力で問題を解決したという経験が、その後の人生にも少なからず影響していった。ちょっとの勇気で一歩を踏み出せば、誰だって目の前の環境を変えることができることを知った。**

置かれている状況を変えることは、勇気のいることだ。

しかし、おそれることはないのである。

小学校で身につけた「仮説を立てる力」

環境というのは、自分たちの力で変えることができる。

このことを身をもって体験したのが小学校時代だが、もうひとつ、大事なことを小学校で学んだ。

それは**仮説を立てる**ことである。

みなさんは、アクティブ・ラーニングという言葉をご存じだろうか。先生が講義形式で一方的に行う授業ではなく、グループ・ディスカッションやディベート、グループ・ワークなどを行うことで、生徒が能動的に学習するというものだ。教えられるのではなく、自分で考える教育。

今でこそ重要視されているアクティブ・ラーニングだが、僕の通っていた成城学園初等学校（小学校）では、こうした授業が主流だった。

例えば、社会科の授業。僕は、お金と紙をテーマにした（テーマも自分で決める）。「お金とは何か」という壮大なテーマを、10歳の出井少年は掲げたのだ。といっても、紙のできるまでとか日本紙をすくだとか、自分のわかる範囲で考えたり調べたりしながら学んでいったのだと思う。詳しいことは覚えていないが、何か買うときに交換するものがお金なんだ、ではなんでお金というものが人々の間で交換できるんだろう、なんてことを考えたりしたように記憶している。

自らテーマを設定し、自分で考え、調べ、報告することが、大人になったときの仮説づくりに活かされた。

こうして僕は、仮説と検証を繰り返すことが習慣となった。

キャリアの選択において、この習慣は大いに役立ったのである。

「リポジション」とはつまり、自分のレッテルをはがす作業と言い換えてもいいかもしれない。「自分は（自社は）こういうものである」という思い込みを取り外す。仮説を立て、次はこんなニーズがくるんじゃないか、と考えて自分をシフトさせる。

リポジションとは、価値観の変化に対応していくことでもある。

今までの常識を覆すような大きな変化が生じるかもしれないときに、いかに仮説を立てて、自分なりに検証し、判断し、行動できるかがカギとなる。

常識を疑う力、常識が変わるかもしれないと想像する力。まさに仮説力だ。

仮説を立てること、常に自分の頭で考えることを小学校で学べたことは、振り返ると大変貴重なことだったと思う。

時間をかけて、自分を取り戻せばいい

「親からのDVを受けると子供がおとなしくなり、そこから才能を開花させるまでに時間がかかる」といった文献を目にしたことがある。「DVの家庭の子供は影を潜めるかのように暮らす」という一文に、幼少期の自分を重ね合わせた。

そこに出てくる子供の姿は、かつての自分そのものだと感じた。あの頃の僕は、親ではなく国からのDVを受けているようなものだった。

前述したとおり、私の10代のおとなしさは戦争ショックによるものだと思っている。終戦を大連で迎え、ソ連軍、地位が逆転した中国人との関係から、ひたすら目立たない子として過ごした。

小学校でのいじめっ子を撃退した経験などを経て、少しずつ、僕は自分を取り戻すことができた。そのとき**自分の支えとなったのは、「自分の好きなこと」だった。**

僕は高校生までバイオリンを弾いていたが、才能がないということを10代のうちに自覚していた。だが、どうやら音楽を聴く耳はあるんじゃないかと気づいた。だから、その次はオーディオをはじめた。オーディオ機器を組み立て、スピーカーの設計などもしていた。意外なところでは野球もやっていた。こちらはピッチャーで4番バッター。ただし2軍である。

大学では写真部で写真を撮ることに夢中になった。写真展で入選したりして、出井は才能があると思われるようになり、先輩から「来年はお前が部長だ」といわれた。だけど、僕はそのときに自分の才能を客観的に評価し、これ以上うまくなることはないと悟り、部長になることを断った（こうしてプロの写真家になる道をあきらめたことで、ソニーへの入社という次のキャリアにつながっていくのだが）。

とにかく、こんな具合に自分の好きなことを探しては没頭することで、それまで息を潜め、おとなしく過ごしていた僕が、次第に変わっていった。ゆっくり、少しずつ、本来の自分を取り戻すことができたのだ。

子供の成績で悩む親も多い。仕事で思うように自身を発揮できないと苦しむビジネスパーソンもいる。

どうかあせらないでほしい。

学校の成績よりも、どうも強みを発揮できない目の前の仕事よりも、**とにかく自分が夢中になれること、好きなことを探してみる**のも手かもしれない。

何が自分に合うかわからない。だったら、何でも手を出してみればいい。下手な鉄砲も数撃ちゃ当たるという言葉もあるくらいだ。

合わなければやめればいい。やめることは恥ではない。そうやって手を動かしていく中で、きっと自分が夢中になれるもの、得意だと思えるものが見つかるはずだ。

おとなしい人ほど、才能の開花に時間がかかるかもしれない。

だとしたら、急がば回れだ。好きなことを見つけて、得意なことにしていこう。そこから突破口が見つかり、ある日突然、勉強も仕事も、自信を持って自分らしくやれるようになるかもしれない。

ダメだ、できない、無理だと、あきらめることなかれ。

昨日の自分と明日の自分は違う。

今までの自分という「常識」に縛られることなく、ゆっくり成長していけばいいのだ。

自分探しは、それこそ必死でやりなさい

自分の好きなこと、得意なことを探そうと書いたが、僕は自分の才能をずいぶん試した。あれこれ手を出して、自分の才能がどこにあるのか、それこそ必死で自分探しをした。

例えば、ドイツ語とフランス語と同時に習ったことがある。そこで気づいたのだ。僕にはフランス語の才能があって、ドイツ語はまったくないということに。同じヨーロッパの言語なのに、こんなにも違うのかと、自分でも驚いたことがある。

「すごいですね、同時に習って、頭が混乱しませんか？」と仰天されたが、意外と混乱しないものだ。それよりもむしろ、テープを同時に聴いても、なぜかフランス語だけ耳に入ってくるのだから不思議である。

「英語は苦手です。勉強してもちっとも頭に入ってきません。私には語学の才能がな

いのかもしれません」

こんなふうに決めつけて、早々にあきらめてしまう人がいる。だったらロシア語や中国語を学んでみればいい。スペイン語やポルトガル語のほうが、相性がいいかもしれない。アラビア語はどうだろう。果たして本当に才能がないと言い切れるほど、すべての言語を試してみたのだろうか。

僕が「自分探しは必死でやりなさい」というのは、こういうことなのだ。**自分にはまだ眠っている才能がある。**

この仮説を立てて、徹底的に、あらゆることを試してみなさい、と僕はいいたい。やってみてダメだったら次を狙えばいいだけだ。

好き嫌いと、うまい下手は別問題だが、**何が自分に向いているかなど、真剣に自分探しをやらない限り、わからないのだ。**真剣に取り組むことなく、あらゆる可能性を探ってもいないうちに、「もうこれは無理」、「自分には才能がない」と決めつけてしまっている人が実に多い。もったいないことだ。**もっと真剣に自分の可能性のスイッチを探してみてほしい。必ず見つかるはずだ。**

真剣にと書いたが、何も根性論を持ち出したわけではない。見方を変えてみよう、ありとあらゆるところから探してみよう、といっているのである。

人には得手不得手というものがある。

僕はテニスのほうがゴルフより得意だ。ボールを追いかけるもののほうが向いているので、自分はネコじゃないかと思ったりする。だが、ボールを使わないスポーツ、泳ぎなどは全然ダメだ。

娘はテニスよりもゴルフが得意で、大学ではゴルフ部の選手にもなった。子供の頃、テニスがあまり得意ではなかった娘を見て、「もしかしたらゴルフのほうが向いているのかもしれない」と感じた。たいていの親は、テニスが上手ではないわが子を見て「うちの子は運動がダメ」と、十把一絡げに決めつけ、以後スポーツを一切やらせないらしい。わが子の可能性を、そういう形で親がつぶしてしまってはならない。

選択肢の数だけ可能性がある。もっと視野を広げ、発想を豊かにして、必死になって自分の才能を探してみてほしい。

就職活動のテーマは、親からの自立

もう少しだけ、子供の頃の話におつき合い願いたい。

僕には兄がいたのだが、僕が生まれる前に亡くなっている。兄は優秀だったという。姉は3人。たった1人の男の子だった僕を、親は「何があってもこの子は殺してはいけない」と、ずいぶん過保護に育てた。変な水は飲んじゃいけない、ラーメンは食べるな、挙句、病気になってはいけないから、修学旅行には行っちゃいけない。親の深い愛情には感謝しているが、行き過ぎた監視のもと、僕は個性が十分発揮できずにいた（現在の僕を知る人には意外かもしれないが）。

僕がおとなしい子供だった一因は、こうした親の教育にもあったように思う。親に逆らったことは一度もない、反抗期はもちろんゼロ。

「今どきの子供は反抗期がない」と嘆く大人もいるが、まさしく僕もそうだった。

そんなおとなしい僕が、爆発したのが大学時代である。

先に書いたとおり、僕は自分の好きなものを見つけながら、だんだんと自分を取り戻していった。やがて、当然といえば当然なのだが、親の束縛から逃れ、自立したいと考えるようになったのだ。

ここにいてはダメだ、飛び出そう。強く決意した。これが、10代から20代にかけての、大きなリポジションだった。

この**「親からの自立」というテーマが、僕のユニークな進路選択につながっていく。**

親が文系だったため、大学で理系にいくという発想はなく、当然のように文系に進んだ。しかし、高校時代から夢中になったオーディオやスピーカーの設計など、自然と理系に意識が向いていった。

きっかけとなったのは、大学時代に盛り上がった野球の早慶戦。伝統の一戦である。スタジアムの席からは、実際のプレーは見えにくい。そこで活躍してくれたのが、ラジオだった。

高校時代に見に行ったときは、ミニチュア管という真空管ラジオだった。松下電器製である。バッテリーも大きな乾電池で重かった。ところが大学に入ったときには、小型で軽いトランジスタラジオが出てきていた。

日本で初めてトランジスタラジオを発明した会社、ソニーという名前が目についた。さっそく東洋経済新報社に企業情報を調べに行った。当時はまだ小さい会社で、売り上げは100億円以下だった。

当時、就職についての周囲の「常識」は銀行や商社や大きなメーカーを選ぶことだった。だが僕は違った。もともとオーディオは大好きだったし、自分がやってみたいことに近いと感じた。技術がユニークであること、小さな会社であること。いずれも僕にとっては魅力に感じた。

大きな会社には、優秀な人材はいくらでもいる。だったら小さな会社で自分の力を存分に発揮したい。僕がソニーを志望した理由だった。

逆張りの選択でオンリーワンになる

親からの自立が、僕の就活のテーマでもあった。

先に述べたとおり、僕は親の庇護下（監視下）にあり、経済学博士の父は、当然ながら僕もアカデミックな道に進む（経済学者になる）であろうと考えていた。反抗期のないまま大学生になった僕が、いきなり「ソニーに行きたい」といっても猛烈に反対されるだけだろう。

大きな決断をするには、それなりの戦略が必要だと感じた。

一方で、僕自身、アカデミックな世界も嫌いじゃない。むしろ、写真のようなクリエイティブなものよりは、ちょっとアカデミックのほうが好きだと感じていた。

だが、自立を考えると、親元を離れることと、自分で働きお金を稼ぐことが重要だと思った。そのためには、留学ではなく就職だろうと。

そこで考えたのだ。

じゃあ、伸びる会社に入って、カンパニーエコノミストになろう。カンパニーエコノミストになるために、入社してから留学をしようと。

そしてもうひとつ、僕がソニーを気に入った理由が、アメリカ進出で盛り上がっていた会社であったことである。僕は大学時代、ヨーロッパを研究していた。アメリカで元気な会社の中で、あえてヨーロッパでがんばりたいと思ったのだ。

父は早稲田大学を辞めてILO（国際労働機関。本部はジュネーブにある）の第一期生の国際職員になった人物。その影響もあって、僕もヨーロッパに関心が向いていた。

- 会社に対しては、ヨーロッパの海外進出に挑戦したい
- 親に対しては、ヨーロッパ留学し、（カンパニー）エコノミストを目指したい

こんなふうに、2つの思いを兼ね合わせた、巧みな戦略を用意することにした。

実際、ソニーの面接では、僕は当時、専務だった盛田昭夫さんに思いをぶつけた。

「ヨーロッパでソニーを伸ばしたい」

あまのじゃくだと思われたかもしれない。アメリカで好調だっただけに、まわりの志望者はみな、「アメリカを伸ばしたい」という話をしていたようだった。そんな中で、僕の存在は目立った。

「ヨーロッパを伸ばしたいという学生が、ソニーに来てくれた」と盛田さんは大喜びだったと、後に僕は耳にすることになる。その後、僕は英語のみならず、フランス語をマスターするべく奮闘した。

いってみれば、**逆張りの選択**である。

- **小さくて伸びしろの大きい会社**
- **アメリカではなくヨーロッパ**
- **英語ではなくフランス語**

「常識」や「当たり前」を信じることなく、自分なりの仮説を持っていたから、こういう選択をすることができたのだと思っている。

ちなみに親には（企業に就職することに対して）裏切られたといわれたが、留学すると伝え、一縷《いちる》の望みを残した（後日、フランス語で「欧州経済共同体（ＥＥＣ）の誕生と企業統合」というレポートを書いて、親に差し上げ、お礼と感謝を伝えた）。

親や周囲の人たちの「当たり前」や「常識」に、押しつぶされそうになっている若者を多く見かけるが、彼らに僕の就職活動の話をすると、「そんなやり方があったんですね！」と目の色が変わる。

閉塞感やあきらめの気持ちを覚える前に、ちょっと僕の話を思い出してもらえるとうれしい。**戦略ひとつで、うまくリポジションする方法はいくらでもある**のだ。

自分の可能性を最大化させる道を選ぶ

親からの自立が裏のテーマだった僕の就活だが、もうひとつ、ここにはポイントがある。自身の可能性についてだ。

僕はソニーを小さい会社だから選んだと書いたが、厳密には違う。ソニーという会社が持つ「広がり」と「可能性」に着目したのだ。まったく逆の発想の企業選びだったのだ。

序章で、「ABC戦略」と「XYZ戦略」について説明した。

大企業への就職や親の希望通りの就職は、過去の延長線上にある「XYZ戦略」。今現在の自分が置かれている環境や状況で、進路を選んでいる。もちろんそれが望むものであれば責めはしない。だが、「動きがとれない」とか「自分の可能性が見えない」

「将来が不安」などというのであれば、まったく新しい発想、つまり「ABC戦略」で自らの可能性を探ってもよいのではないか。

僕の場合、まさに「ABC戦略」で進路を決めた。

ソニーは、

- 理系の会社である（進化の著しいテクノロジーの世界に身をおくという可能性）
- 世界に出ていこうとしている会社である（とりわけヨーロッパはこれから。グローバルに活躍する可能性）
- 小さな会社で、大きな影響力を発揮して仕事ができる可能性もある
- スケールの大きい経営者の下で、ダイナミックな発想で仕事ができる可能性だってある

こう考えると、**ソニーは小さな会社ではなく「広がりのある大きな会社」**ともいえる。

さらには、留学という選択をすることで

- カンパニーエコノミストとして活躍する可能性

・ひょっとしたら会社を飛び出してアカデミックな世界で活躍する可能性も考えられる。

つまり、ソニーを選ぶということは、**自分の可能性を最大化させる**ことだったのである。

グローバルに活躍したいからグローバル企業に入ろうではなく、「自分の可能性のスイッチ」を押す場所のひとつとして「グローバル」があるという発想だ。どこに自分の適性や才能があるかわからないからこそ、**選択肢の多い場所に身を置くというやり方もある**と考えたのだ。

こんなふうに自分の将来を捉えてみると、チャンスや可能性がたくさんあることに気づくだろう。そして、働くことが楽しみに思えてくるはずだ。

就職や転職で悩んでいる人には、参考にしていただけたらと思う。

変わる勇気がないのなら、大きな渦に飛び込めばいい

先ほど僕は「自分の可能性のスイッチ」という話をした。ここで大切なことがある。**安定の場にいる限りは、可能性のスイッチをオンにすることは難しい**ということだ。

たしかに、自ら変化を選択することは勇気のいることだ。それなりに安定した場所にいれば、リポジションしようなどとは考えにくい。

だったら、大きな変化の中に身を置いてしまえばいいのだ。大きな変化の中にいれば、おのずと自分も変化せざるを得ない。

僕自身そうだった。

ソニーに入社したときは売り上げが100億円くらいだったが、自分が社長になったときには4兆円近くまでになっていた。急成長を遂げる中で、おのずと僕たちも、会社とともに変化していった。要するに、何か急速に伸びるものと一緒にいれば、結

果的にリポジションできるのだ。

何でもいいと思う。外国へ留学する、旅行するのでもいい。急成長のベンチャー企業で働くのもありだ。**何かものすごい変化のときに、そこにいること。**そして、**変化のスピードとギャップを肌で感じる**のだ。

僕自身、留学や海外駐在、そして企業のとてつもない成長スピードの渦にいたことで、結果としてリポジションすることが当たり前となった。

自らを大きく変えるのは難しい。

しかし、**ものすごい変化の中に身を置くことは、自らを大きく変化させるよりは簡単だ。**必要なのは少しの勇気と最初の一歩だけだ。

自分の可能性のスイッチは、思わぬところにあるかもしれない。

火事場の馬鹿力で何かをやり遂げることや、留学などの海外生活で日本を外から見ることなど、大きな変化を経験することで、自分のＤＮＡ、いわば潜在能力にスイッチが入る。自分の中に眠る、まだ見ぬ力を目覚めさせるのだ。

変化の激しい今の時代だからこそ、思い切り大きな渦に飛び込み、変化を楽しんでほしい。

「入社2年目で留学」というリポジション戦略

僕はソニーに入社する前から、「1年間勤務したら、休職して2年間、自費でヨーロッパの大学院で学びたい」と会社にお願いしたのである。

もちろん、そんな制度があったわけでもないし、そんなことを言い出した学生は、きっと僕くらいだったのではないかと思う。

なぜ留学をしてから就職をしなかったのか。親からの自立もあったが、それだけではない。ここにも僕の考えがあった。

どれだけの知識や学力を持ったら、ソニーで働くことができるのかを、僕は知りたかったのだ。

学生時代、誰にも負けないくらい猛勉強してきたわけではない。いくらカンパニーエコノミストになろうといっても、そう簡単に社会では通用するものではないと認識していた。そこで、まずは会社に入って周囲を見渡し、**「他の人たちと比較して、今の自分に足りないものは何か」**をリサーチした上で、留学しようと考えたのだ。

大学を卒業してそのまま留学したとしても、それが果たして何に役立ち、どこの会社のどの部門で通用するのかもわからない。アカデミックな道に進むのではなく、ビジネスで必要な知識を得るための留学であれば、まずは会社に身を置き、「市場」をリサーチすることが大事だと考えたのだ。

これが僕の、**会社員としての最初の「リポジション」戦略**だったのかもしれない。

1年たったら休職し、留学する。会社は驚いたであろう。だが僕にすれば至極、まっとうな発想だった。ちゃんと仕事をするには、現実をきちんと冷静に見極めなければいけない。社内で生きていけるだけの技術をしっかり持つ必要がある。

若者のやんちゃな発想だったのかもしれないが、ありがたいことに、これを会社はOKしてくれた。そして僕は、1年後に会社を離れる前提で、ソニーに入社した。

しかし、待っていたのは、想像をはるかに超えた厳しい現実だった。

僕は輸出入関連の外国部に配属されたが、そこには帰国子女がたくさん働いていた。文書としての英語も、会話としての英語も、そのクオリティは僕の想像をはるかに超えていた。「ちょっと勉強しに行ったくらいでは話にならないな」と驚嘆することになった。ソニーには実に優秀な人たちが働いていたのだ。このことは大いに刺激となった。優秀な人たちの中で、僕は何ができるのか。

その一方で、僕は仕事の面白さも見つけてしまう。例えば、輸入の手続きの仕事で出合った、配線のためのプリント基盤。その銅箔のクオリティを検品する業務を行っていたのだが、当初は「こんなことをするためにソニーに入ったんじゃない」と戸惑ったものの、だんだん銅箔そのものに興味が湧くようになった。

高分子の構造や接着のメカニズムを自分で勉強しているうちに、のめり込んでしまった。なるほど、こういう仕事の楽しみもあるのか、と気づいた。

どこに自身の可能性や仕事の面白さがあるかなんて、わからない。だったらこんなふうに、**僕は偶然を楽しんでしまうことにした。**

やがて、アメリカの化学のインダストリーを勉強し出した。ひとつの興味が、どんどん知識の広がりを生んでいくことを知ったのだ。

そして1年後、僕は休職してヨーロッパの大学院へ留学する。

リポジションに必要な4つの要素

ここまでお読みいただき、リポジションの全体像が見えてきたと思う。章の最後に説明をしたい。

リポジションには、次の4つの要素が必要だ。

1．飛び出す勇気

自分から「やりたい」といって、自ら手を上げる。そして、意識的に「動く」。自分から飛び出していかなければ、何も変わらない。大きな変化の渦に身を置くことも含め、まずは自分から小さな一歩を踏み出すことだ。

2. 仕事上の経験

経験には、次章で取り上げる**「失敗」**も含まれる。無目的にやるのではなく、期限や目標を設定し、意識的・意図的に経験を積むことが肝心だ。

3. 他者との比較

オンリーワンの存在になるためには、他の人が持っているもの、他の人たちの強みを知ることが重要だ。比較というとアレルギー反応を示す人もいるが、優劣をつけたり、評価をすることではない。**他者と自分の「差分」**を客観的に見て、自分や相手に足りないものを見つけ出すための比較である。

4. 自分の強み

今いる場所、もしくはこれからの時代、必要とされる人材になるためには、何を身につければいいいか、棚卸しする。3と同様に、客観的に自分を分析するのだ。

これら4つを持って、**戦略的にリポジションしよう**。仕事のみならず人生においても、この考え方は役に立つと思う。

リポジションに必要な4つの要素

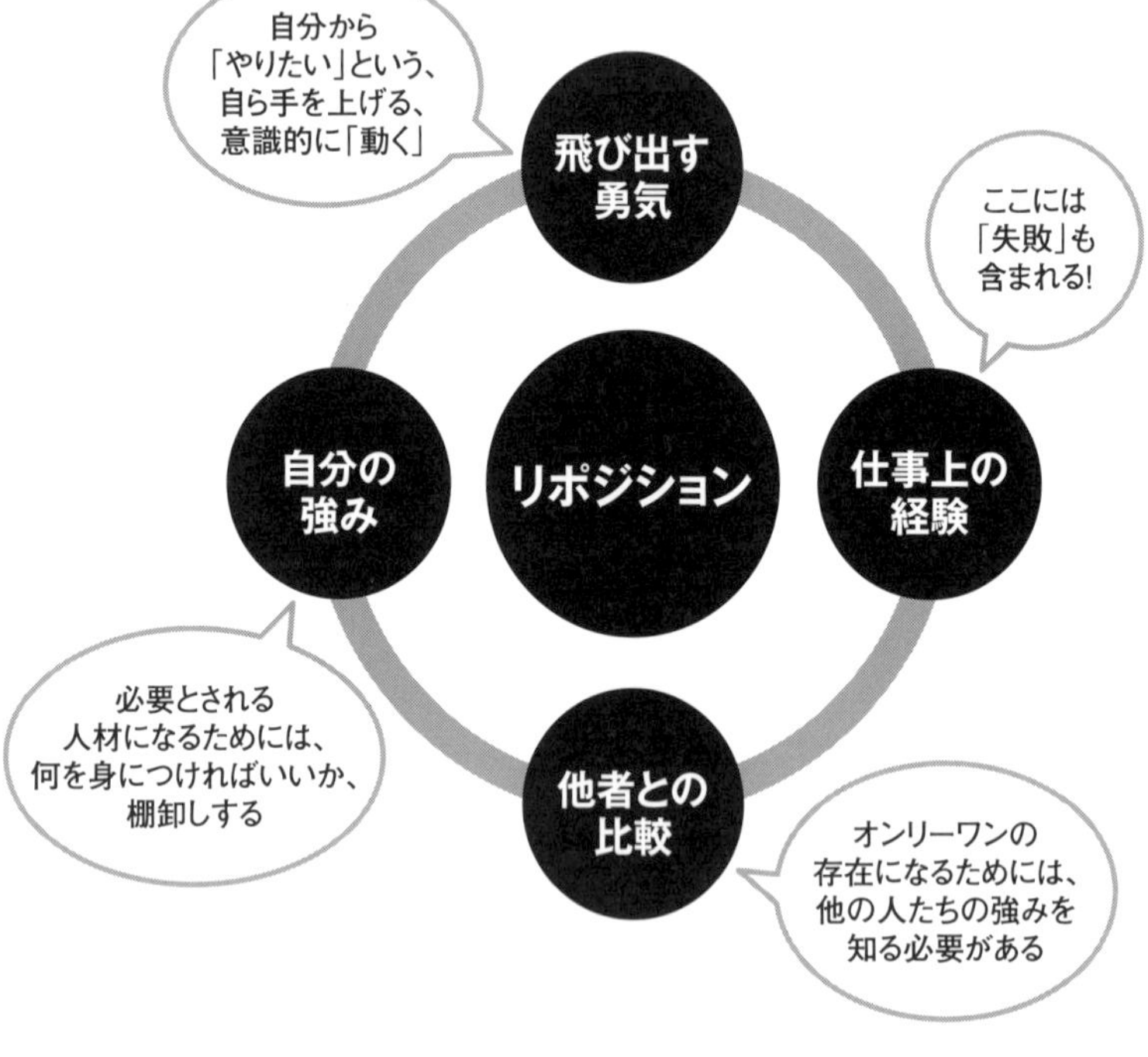

4つの要素を活用して、
戦略的にリポジションしよう。

column

ノートやメモは、あえて規格統一しない

思いつきや考えは、アウトプットしてはじめて形になる。**頭の中にあるものを、整理したり、棚卸ししたり、というのは、手を動かさなければできない。**ちょっとした時間があれば、真っ白な紙にペンで何かを書き出している。これは長年のちょっとした習慣になっている。

「リポジション」を考えるときにも、ノートやメモに書き出している。メモは無印良品の「再生紙らくがき帳」に書くことが多い。B5サイズの無地の紙で、1冊100円程度。その名のとおり気楽に書ける。思いついたらさっと書けるよう、机の上に置いてある。メモした紙は、破ってファイリングすることが多い。

ときどき、そのファイリングを見直す。自分が驚くようなことが書いてあったり、同じことを何度も書いていたりもする。**同じことに「気づく」ことに意味がある。**どうでもいいことは忘れてしまう。大事だと思っているから、**何度も書く**のだ。

僕のデスクの上には、常時5、6冊のいろんな大きさ、いろんな形、いろんな色の分厚いノートやダイアリーが置いてあって、気が向いたものを取り出して、サラサラとメモを書いたりする。

「1冊にまとめたほうが、見返したり管理したりする上で便利ではないですか？」

さまざまなノートやメモが机の上に散らばっているのを見て、こんなことをいう人がいた。

たしかに、規格を統一するほうが、使い勝手はいいだろう。しかし、私はあえてそれをやらない。あえてバラバラのノートやメモを駆使しているのだ。無印良品のらくがき帳に、モレスキンのノートやロディアのメモも愛用している。サイズもそろえないし、無地に横罫に方眼と、デザインもさまざまである。

同じことを考えるにしても、同じノートで考えるのではつまらない。大切なことを何度も書くのではなく、単に前に書いたことと同じことが思い浮かんでしまったりする。それでは意味がない。**ノートの色や大きさ、罫線の太さ、紙の質感などが同じだと、自分の考えもそれらに制約されてしまうことがある。**

そこで、違うノートを用意しておいて、そこにどんどん書いていくのだ。

書店や文具店で、気に入ったノートがあれば、また買い足す。ノートは何種類にもなってしまっているが、これはこれでいいと思っている。

まさしくノートは、僕の脳の中身かもしれない。いろんなノートを買ってきて、いろんなことを書いてみる。数百円でできる贅沢である。

さまざまな大きさのノートやメモは、「リポジション」を考えるのに最適なツールだと思う。

第2章

失敗は必ずするもの

——耐える力と復元力を身につけよう

そもそも、失敗は避けることができないもの

第1章では当たり前は続かない、だから新しい発想でリポジションしていこう、という話をした。この章では、うって変わって「失敗」について書きたいと思う。

失敗はできるだけ避けたい。失敗はしたくない……。

多くの人が、そんな気持ちになることは、僕にもわからなくもない。しかし、僕は**「失敗は避けることはできないもの」**だと思っている。失敗はするものだ、と。

やったことがないことに対して、最初からうまくいく人なんていない。例えばゴルフにしても、いきなり素晴らしいボールが打てる人はいない。何度も失敗しながら、うまくなっていく。

仕事も同じである。**初めて何かをしようとしたときには、最初は必ず失敗する。**し

かし、失敗したら、こうしてはいけない、ということがわかる。その上で自分の目標を設定し直し、もう一度チャレンジする。その繰り返しをするからこそ、レベルは上がっていく。

最初からハイレベルな仕事ができる人はいないし、言い換えれば、ハイレベルな仕事をしている人は、たくさんの失敗を積み重ねてきた人でもある。

とりわけ、リポジションには失敗がつきものである。

しかし、考えてみてほしい。

失敗は成功の母であり、**失敗は次に活かすことができれば経験値となる。**

厄介なのは、失敗をおそれるがために変化を避け、その結果、時代から取り残されてしまうことだ。失敗は避けることができないものだ。それより大事なのは、失敗からいかにして立ち上がるかだ。挑戦するところに必ずチャンスはある。何もしなければ、失敗はしないけれど、チャンスも成功もない。

また、「失敗した！」と思ったことが、後になって成功の第一歩だったということもよくある。**失敗・成功の評価は、時として変化するもの**なのだ。

そんなことを考えながら、僕の失敗体験を読んでもらえればと思う。

さて僕は、入社2年目で休職し、イギリスの大学院を目指した。結局、スイスのジュネーブの大学院に好きな先生がいたので、ジュネーブ国際・開発研究大学院に進むことにし、そこで英語とフランス語を習得した。

ちなみに僕が好きな先生というのは、ヴィルヘルム・レプケ教授（1899〜1966年）、ドイツ自由主義経済学を生んだ経済学者である。戦後ドイツの社会的市場経済の源流となる、自由放任主義でもなく集産主義（ファシズムや共産主義など）でもない「第三の道」という考え方には、大いに影響を受けた。

余談だが、ソニー会長時代の2001年、週刊ダイヤモンドの特集でドラッカー教授と対談をした。カリフォルニア州クレアモントにあるドラッカー教授の私邸に訪れた際、彼もレプケ教授の教え子だったことを知り、驚いたことを覚えている。

話を戻そう。ジュネーブ留学という、この大胆なチャレンジも、実は最終的にはうまくいかなかったことを告白しなければいけない。僕は1年半で大学院を辞めてしまう。

留学を考えている若い人によくアドバイスすることだが、日本の大学を出て海外に行くのでは、実はもう遅い。**本当にネイティブ並みに外国語をマスターしたいなら、**

中学くらいから行かなければいけないと思っている。日本で学べる語学をベースに、海外で戦うのは、それほど難しいということである。

そもそも英語での読み書きのスピードが、日本人は遅い。それこそ、圧倒的に遅いのだ。しかし、このことに気づいたのは、留学してからだった。海外の大学で本気で学びたいなら、もっと早い段階でハイレベルな英語をマスターしておかなければいけないと痛感した。これは貴重な失敗経験であった。

親に借金してまで行った留学だっただけに、僕自身にもプレッシャーがあった。研究テーマは、ヨーロッパの中の企業合同。ＥＥＣが始まるにあたり、ヨーロッパの企業が国境を越えて合併を始めていた。毎日、英語でフィナンシャルタイムズを読んで切り抜きをつくるなど、膨大な資料と格闘して、どうにか論文を書いた。

さらには、ヨーロッパ大学院生活で日本とヨーロッパの文化の差をいやというほど味わった。日本の「漢文」に相当するのが「ラテン語」であり、英語・フランス語に加えて、ラテン語の重要さを知った。

その上、初めての海外暮らしに、僕はこのとき結婚をして新婚生活を送ってもいた。休職しているから収入もない。いろいろなものが積み重なって、最終的に、僕は体調を崩してしまった。

ただし、この失敗経験から学んだことは大きかった。

失敗はしたものの、無意味ではなかった。

さまざまな壁にぶつかったからこそ、その後の仕事で活かせることもあったし、同じ悩みを抱える若者に率直なアドバイスもできた。

苦しい時期ではあったけれど、それでもやはり留学してよかったと思っている。

入社2年目の失敗で、「会社員とは何たるか」を学ぶ

それでも、そんな僕がヨーロッパで途方に暮れずに済んだのは、いい出会いに恵まれたからだった。

当時のソニーの欧州トップ、小松万豊《こまつかずとよ》さんもその一人である。小松さんは、商社からソニーに入り、欧州のトップを務めていた。彼が、ソニーのトレーニーとしてヨーロッパで僕を引き受けてくれたのである。大学院を辞め、僕はその後の1年半をソニーのヨーロッパのオフィスで過ごすことになった。

だが、僕は会社員というものがよくわからないまま、休職してヨーロッパに来ていた。社会というものがまったくわかっていなかったのだ。

これはベンチャーなどでもよくあることだが、ヒエラルキーのようなものを学ぶ場がなければ、そこに意識は向かわない。一方、伝統的な大企業に入れば、組織の何た

るかやレポーティングシステムは、1年もいればしっかり学べる。

ところが僕は、2年目から留学することを前提に新人時代を過ごしたので、そこに意識はまったく向かっていなかった。ヨーロッパの職場で、会社員としてするべきでないことを、ずけずけとやってしまったのである。

例えば、率直な意見を会議でどんどんいってしまう。最初のうちは、みんな我慢してくれていたが、やがて上司に激しく怒られてしまった。これもまた失敗だった。

日本に帰ると、人事部の人に、

「出井さん、ソニーを辞めるんですって」

いきなりこういわれたのである。意地悪な噂を流されてしまったのだった。傍から見れば、学者になるのか企業に残るのかよくわからない、中途半端な立場だったから仕方ない。だが、「こんなところで負けるわけにはいかない」と僕は思った。

そしてここから、「会社員とは何たるか」を学ぶ日々が始まる。

結果として、**社会人としてのスタート地点での失敗経験が、後の長い会社生活を支えることになった。**

以後、ヨーロッパ帰りの大学院で学んできたヤツ、といった空気感は絶対に出さないようにしようと考えた。そんなことは、会社では一切求められていないからである。配属になったのは、外国部欧州課。

ここから3年間、僕はすべてを素直に受け入れた。同僚や上司と頻繁に飲みに行った。夕方になると、待ち合わせ場所の紙が回ってくるのである。いろんな場を通じて、僕はサラリーマン道を学んだ。新しい環境での学びは楽しかった。

そして再び、ヨーロッパに出ることになる。

その配属先でも、時々僕は失敗をしている。頭で考え失敗を避けて通るよりも、**僕のような人間は、いきなり失敗から始まるほうが成長する。**

特に若いときの失敗は、叱ってくれる上司や指摘してくれる人も多いため、リカバリーが早い。一番怖いのは、失敗そのものをおそれるがあまり、動けなくなることである。歳を重ねると、だんだんと叱ってくれる人が少なくなる。そうなると、リカバリーが利かなくなる。

失敗から始まるキャリアは、僕を早く成長させてくれたように思う。

配置転換は失敗ではなく、小さなリポジション

ソニーにおける僕のキャリアには、大きな特徴がひとつあった。それは、配属先がやたらに多かったことである。

転勤も異動も多かった。

どうしてこんなことになったのかというと、言うまでもなく、しょっちゅう飛ばされていたからである。

かつてある評論家に、「サラリーマンとして部下に持ちたくない人物だ」と僕はいわれたことがあるが、僕自身もそうだと感じる。なぜなら、いつも上司がいうことと反対のことをいったりして、目障りな人間だったからである。これでは、サラリーマン社会で嫌われても仕方がなかったと思う。

しかし、たとえ配置転換、いや左遷されたとしても、貫くべきことは貫くべきだと

僕は思っていた。

それは若者特有の青臭さからでもなく、上司に対して反抗心むき出しだったからでもない。自分の意見を決める際、ソニーという会社のために正しいと思うほうを選択しようと決めていたからである。

結果として上司と意見が違って衝突したとしても、やがて関係は元に戻るだろう。だが、本当のことをいわないことのほうが、よほど失礼だと思う。もしいわなかったことで上司が窮地に陥ったとしたら、上司にとってはむしろ悪い部下だ。

僕をソニーの社長に抜擢してくれたのは、あるトップだったが、その人とは上司・部下の時代から、何度も衝突している。時にはそれがきっかけで配置転換になったこともある。だがしかし、そんな上司が、後に僕を社長に指名したのである。

上司と衝突することも、そのことで配置転換になることも、長い目で見れば、失敗ではないのだ。

僕の場合、**たくさんの部署を渡り歩いたことが、自分のキャリアには大いにプラスに働いた**。何よりいろんな部署を経験できる。新しい部署に行けば、イチから勉強することになる。おかげで、多種多様のスキルを得ることができた。

リポジションを繰り返さざるを得ない事態が、僕に多くの学びを与えてくれた。

後年になって考えてみたが、ずっと同じようなところで働いていた人と、僕のように半分計画的に、いろんなところを渡り歩いてきた人間とを比べると、知識の広さはもちろん、現場感覚の違いも歴然だったと思う。

担当する業務が変わるごとに書店に行き、その分野のことを一番たくさん書いている著者を見つけては会いに行った。これを繰り返したおかげで、いろんなことにずいぶん詳しくなれたし、その都度、人脈も広がった。

また、飛ばされたおかげで、見ることができた世界もあった。順風満帆に過ごしていたら、それこそ見ることはできなかった世界も知ることができた。興味深いのは、そういうところから、**後につながる重要なキーワードが見つかったりすることだ**。人生というのは、本当に面白いのである。

いってみれば、配置転換もまた、小さな「リポジション」といえる。

と同時に、**配置転換は「リポジション」の耐性をつけてくれる**。

変化を受け入れる力を、知らず知らずのうちに身につけることができるのだ。

ある日突然異動や転勤を命じられた。こんな体験を繰り返していると、やがて移ることが何とも思わなくなる。変わることをおそれない体質になったのは、こうした経験によるところが大きいと思う。

下働き経験が、次のチャンスに活きる

大学院を中退し、ヨーロッパでソニーの仕事を始めた僕は、1年半で日本に戻り、外国部欧州課で3年間勤務をしていた。そこからまた、僕はヨーロッパへと赴任することになる。

赴任したのは、ヨーロッパを管轄していたスイスのツーク。もともと商業取引の拠点として知られているツークだが、近年では暗号通貨といったデジタル金融分野の拠点として注目を集めている。

日本での3年間は「サラリーマン道」を学んできていた。しかし、「いうべきことはいわなければいけない」というポリシーだけは変わっていなかった。

赴任してそれほど日が経っていない頃、日本からの出張で常務取締役がやってきた。このとき、重要な課題が話し合われることになっていた。あるヨーロッパ企業にオーディオの技術を渡す代わりに、（家庭向けビデオテープレコーダーの）ベータマックスのフォーマットを採用してもらうというものだった。

会議が始まってしばらくして、当時、オフィスの中で一番の下っ端だった僕は、「はい！」と手を挙げてしまった。挙げざるを得なかったのだ。そして、こう発言した。

「オーディオはソニーの将来の宝です。売るべきではありません。また、フォーマットの採用に、『お土産』をつけなければいけないなんて、技術に問題があるからではないでしょうか。ですから、僕は反対です」

場は凍りついてしまった。

常務は怒りに震えている。出てきた言葉は衝撃的なものだった。

「クビだ。日本へ帰れ！」

後日、「出井はいったい何をいったのか」と人事部長に聞かれたので、かくかくしかじか、と説明をした。そうしたら、人事部長はこういってくれた。

「いや、それは間違っていないな」

ほっとしたのもつかの間、

「ただし」と、さらに言葉がつけ加えられた。

「でも、いちおう上司が怒っている以上、何か処置をしなければいけない。フランスに行ってもらう」

こうしてスイスからフランスへの異動を命じられた。実のところ、スイスでもフランス語を学んでいたこともあり、フランス行きは願ってもないことだった。

しかし、会社としては明らかな「左遷」だった。

フランスの駐在はたった一人。スイスのような大きな拠点ではない。ヨーロッパでは、どう考えても花形はイギリスで、次がドイツだった。フランスはマーケットも大きくない。それこそ、ヨーロッパで最も「過疎地」に行かされた担当、というのが周囲の印象だった。

しかも、花形のイギリスやドイツを率いていたのは、僕のほぼ同期だった。彼らがイギリスやドイツで現地法人をつくるのを、僕はアシスタントとして手伝うことになった。エースと呼ばれていた同期たちのリーダーシップのもと、僕は下働きをすることになったのだ。

だが、これもまたいい経験だった。

上とか下とかは関係ない。**優秀な同期のもとで一緒に働くことで得る経験のほうが貴重だったし、僕には刺激的だった。**そもそも社内政治や出世競争にはまったく興味がなかったので、「左遷」だといわれても、気にもとめなかった。

イギリスやドイツでの現地法人の設立に関するアシスタント作業は、実際のところ、大いにプラスの経験となった。

なぜなら、後にフランスの現地法人、ソニー・フランスを立ち上げる際に、自分一人でやることができたから。**配置転換後の下働き経験がなければ、間違いなく一人ではできなかった**はずである。

口は災いの元というけれど、災いが新たなチャンスをもたらすこともあるのだ。

フランス赴任から物流センターへ。33歳のリポジション

もうひとつ、サラリーマン人生の中でお伝えしておきたい出来事がある。口は災いの元で上司と衝突することもあった僕だが、フランス赴任後、大きな配置転換を経験した。フランス赴任から帰国した僕を待っていたのは、神奈川県・横浜にある物流センターへの配属だった。

大手メーカーにおいて本社の企画スタッフが物流センターに行くことは、キャリアの「片道切符」を意味する。だが僕にとってこの配置転換は、**その後のキャリアにおいて重要な意味を持つ、前向きなリポジションとなった。**

実際、物流センターには事務の若い女性たちばかりで、大卒の男性社員はほとんど見当たらない。この先どうなるのか、当初は不安もあった。

だが僕は決意した。

周りの人が何といおうと、「左遷された」とは絶対に誰にもいうまいと。なぜなら、そこで働いている人たちに失礼だからだ。自分たちが働いている職場は、そういう場所なのだと思われてしまう。それだけは決してしてはいけないと思った。

さらには、勤務態度にも気をつけようと思った。明らかにやる気のない姿はもちろん、妙なやる気を見せることも、職場の人たちには不自然に映るはずだ。だから、それもやめよう。そこで僕は思い至った。

まったく動じず、かといってムダに反発することなく、ここで働くことをすっかり楽しんでしまおう。発想を切り替えたのである。

何もできないのではない。見方さえ変えれば、何でもできるのだ。

物流センターなだけに車通勤が可能だというので、僕は帰国してすぐに緑色のフェアレディZを手に入れ、これで通勤を始めた。

フランス帰りのズボンの太い、髪の毛の長い男。それが当時の僕だった。事務の若い女性にしてみれば、場違いな異端の存在だったのだと思うが、僕が気さくにしていると、だんだんと親しくなった。お昼休みになると、僕のスポーツカーに乗って、順番にお昼ご飯を食べに行く、なんてことが日常的になっていった。本社の人間の監視もない。のびのびと過ごすことができた。

実際のところ、若い女性たちと毎日のようにランチを食べに行く、ものすごく楽しい日々が始まった。そしてこのときに出会った女性たちとは、定期的にみんなで集まるようになった。実は、その集まりは今も続いている。

社内で一生の友人と出会えたことは、「配置転換」の最大の報酬である。

物流センターは、僕にとって大きな学びの場でもあった。

エリートの社員がまず経験することのない現場だ。その世界を知れただけでも貴重だったが、後に自分が事業部を率いることになる、「あるもの」にも出合えた。

コンピュータである。

ソニーにコンピュータが入ってきて、真っ先に導入されたのが物流であり、倉庫だった。全国の物流のコンピュータ化を、ソニーはいち早く実現している。物流センターの人たちとは、スポーツカーで食事に行くだけではなく、コンピュータについてもいろいろと教えてもらった。

僕自身、プログラムも実際にやってみて、なるほどいろんなことがコントロールできるのがコンピュータだと知った。コンピュータ端末が入っていたことで、コンピュータの威力をまざまざと知ることができたのである。

コンピュータをいじっているうち、これがあれば、事業計画も一人でつくれてしまうと思った。物流在庫がわかるので、事業部別にすべての事業内容を把握できた。各事業部の計画をインプットして、コンピュータを使って部門別に足し、全社の事業計画をつくってみたりもした。思わぬ経験だった。**今思えば、経営者の予行演習となる貴重な体験**だったと思う。

現場の最前線には、最先端の情報がある。まさに行ってみなければわからない「事実」だった。

さらなる特典があった。時間にゆとりが出てきたのだ。

これまでの残業続きの日々とは異なり、定時で仕事を上がれる。フランス駐在時代に出会った人たち、さらにはそこからつながる人たちと、夜な夜な六本木で遊んでいたのもこの頃である。劇団四季の浅利慶太《あさりけいた》さん、田辺エージェンシーの田邊昭知《たなべしょうち》さん、マルチタレントの加藤《かとう》タキさん、大先輩の経営者、丸井の青井忠雄《あおいただお》さん、などなど。

もちろん、ただ遊びほうけていたのではない。

ここで培ったネットワークやエンターテインメントに関する知識や情報、経験は、後の仕事に大いに活きたのである。

5年に一度は、会社に「できません」といってみる

「会社員が逃れられないもの、それが会社の辞令だ」と、考えている人がいる。たしかに、左遷も含めて、会社の辞令は圧倒的な力を持っている。だがしかし、辞令にすべて従わなければいけないのかといえば、必ずしもそうではないと思っている。

よく若い人たちには、「会社に入ったなら、一人で自分の会社をつくったと思え」と伝えている。ソニーに入ったら、「ソニーの分社のひとつとしての自分の会社がある」という考え方だ。そう考えると、「自分が社長なのだから、自分のポジションは自分でつくっていく」という感覚が生まれる。

この意識を持たずに会社に入ってしまうと、結局、会社の思うように動かされ、会社に振り回されることになってしまう。

実のところ、会社は一人ひとりの社員の細かなポジションまでは真剣に考えてくれ

ない。そこまで行き届かない。だから、自分でなんとかしないといけない。**自分の運命を会社に委ねてはいけないのである。**だから、**「自分の会社の社長」になる意識が重要になるのだ。**

とはいえ、会社がいってくることのすべてについて、「できません」といっていたのでは、会社員としては通用しない。だから、ほとんどの辞令は聞くしかない。ただし、5年に1回でも10年に1回でも、「これは危ないぞ」と思ったら、辞令に抵抗するのだ。身を投げ出してでも反対する。そういうことがあっていい。

5年に一度、勇気を持って断る力を発揮できるか。

これができるかどうかが、会社員人生を大きく分けると思っている。

たくさんの配置転換を経験した僕だが、最初に会社に対して「これはできない」と申し立てたのは、物流センターからテレビ事業部に移り、グローバル展開の仕事をしていたときだった。

岩間和夫《いわまかずお》さんが社長に就任することになり、社長のスタッフとして人事から声がかかったのだ。フランス駐在時代に出会った岩間さんは、僕をとてもかわいがってくれていた。物流センターから、僕を外に出してくれたのも、おそらく岩間さんではないかと思っている。

その岩間さんの社長就任にあたり、スタッフ就任の依頼がきたのである。会社員としてまたとないチャンスだ。しかし、僕は断ってしまった。これには、僕をいつもヒヤヒヤしながら見守ってくれていた先輩たちからも怒られた。

「お前、社長がわざわざスタッフに来いといっているのに、それを断るやつがあるか！」

でも、僕は頑として受け入れなかった。

僕は事業部という「商品をつくる部門」で、まだ勉強したかったのだ。現場を渡り歩いてきた経験を、「商品をつくる部門」で発揮し、結果として本社スタッフでいるよりも大きな貢献を、会社に対してできると思っていたからだ。

当時まだ30代の僕は、届け出通りに正しく運行する路線バスよりも、その場の要求に応じてルートを決めていくタクシーのような仕事がしたかった。それゆえ、本社のスタッフより事業部で商品づくりを行うほうを選んだのである。

もちろんそんな細かなことまで僕の口からはいえなかったしいわなかったが、岩間さんからは「しょうがないな」ということで許してもらった。しかもその後も、岩間さんからは、いろいろなところで助け船を出してもらうことになる。オーディオ事業部長になるときもそうだったし、コンパクトディスクプレーヤーの1号機をプレゼンテーションするときにも、わざわざ来てくれた。また、岩間さんのスピーチライターを引き受けたこともあり、その出来が良かったと、東京・代官山の小川軒でおいしいフレンチをごちそうになったこともある。

僕は本当のところ、仕事の面では岩間さんに育てられたと思っている。今でも感謝している、心から尊敬する上司だからこそ、一定の距離を置き、その関係を大事にしていくことを選択したのである。

ともすれば大失敗になりかねない、サラリーマン人生の中で相当大胆な決断だといわれたが、出世競争に遅れた自分が、**会社に対して何ができるかという視点で考えたときに、出てきた結論**だった。

誰もやらないけれど、今すぐ会社と交渉しなさい

会社にいわれるがままやっていたところで、最終的にあなたをハッピーにしてくれる保証など、どこにもない。それが会社員の過酷な現実だと思う。ところが、大企業にいると、そういう発想がなかなかできなくなっていく。

例えば、ベンチャー企業しか知らない人が大企業に挨拶に行くと、名刺交換からしてよくわからない事態が起こる。「次長」という肩書きすら、意味がわからない。

しかし、大企業では逆だ。肩書きを理解しているだけでは足りない。肩書きをもらうと、そこから（領分から）出てはいけないことを、良くも悪くも瞬時に判断する。この判断が、自分ができることを極めて限定的にしてしまう。肩書きしかり、職種しかり。これをやってしまうと、**自身の大きな可能性に気づけなくなる。**

実は自分の活躍の場は、社内にたくさんあるかもしれない。なのに、極めて限定的

に捉えてしまう人がいる。それで、「きっとこの会社には自分の活躍の場はない」と早とちりして、同じ職種で他社への転職を考え、キャリアアップどころか収入もポジションも下がってしまった……という人もいる。実際には、大企業は本当に大きいのだ。**自分の仕事は、社内の意外なところで通用する可能性がある。**仮に、今はまだ役に立っていないとしても、いつか役立つときがくるかもしれない。

目の前の状況だけ見て、あせって結論を出してはならない。

問われてくるのが、「自分は何がやりたいのか」である。やりたいと思ってみれば、いろんなことがやれるのもまた、大きな組織の利点である。ところが、多くの会社員はやりたいと思わない。だから、人事も困るのである。

この本を読んでくれている、あなたに伺いたい。

会社に入って、一度でも、上司や人事に「私はこういう仕事がしたい」といったことがあるだろうか。

もっといえば、「私はこれまでこういう経験をし、こういうスキルや人脈を得た。これらを活かして次はこんなことをしたい」と、転職面接のように、具体的に自身のキャリアプランを伝えたことがあるだろうか。

ほとんどの人は、考えたこともないという。「自分でつくった会社の社長」が、経営方針を持っていない。これでは「リポジション」もままならないと思う。本当にもったいないことだ。自分のキャリアを導くことができるのは、組織ではない。そこにいるあなた自身なのだ。

例えば、理系の人が文系の人の仕事をしているケースは多い。しかし、文系の人が理系の人の仕事をするケースは極めて少ない。できないと決めつけているからだ。そういうことはありえないと思っているからである。

もっと欲張りになっていい。

ここぞというタイミングで、会社に交渉したらいい。

命を獲られるわけではないのだ。

僕は入社前に、1年で会社を休職するという、恐るべき交渉を会社としている。そんな制度は会社にはなかった。しかし、交渉すれば、なんとかなる。だったら、やってみるべきだと思うのだ。

次章で説明する、理系が当たり前だった事業部長への就任も同様だった。こういうことをやって、大企業の中でキャリアを自分でつくり上げていこうとする人は、意外に少ない。

もちろん、そのために必要なことがある。希望する仕事ができるだけの力をつけようと努力しておくこと。ただ、そのものずばりの力はまだ必要ない。それは、やってみなければわからないのだから。

失敗したら、どうしよう。たしかに不安は募る。

しかし、先に述べたとおり、会社は一人ひとりのキャリアをきめ細やかに見ているわけではない。だったら自分から伝えなければ、思いは届かない。

失敗はつきものだ。しかし、失敗するにせよ、**最終的に道を拓くのは、失敗をおそれずに挑戦を名乗り出る勇者だけである。**

「間違い」と「失敗」は似て非なるもの

それこそ役員になるまで、僕は本当に失敗と挫折だらけだった。だが、それでもなお、たくさん失敗したことは、結果的にプラスに作用したと思っている。

失敗には、2種類あると僕は思っている。

「間違い」と「失敗」だ。単純なミスや間違いも、失敗のひとつ。一方で、必死でがんばってリスクを取ったけれどうまくいかなかった、というのも失敗。

だが、この2つは、似て非なるものである。それをしっかり認識しておくことが大事だと思う。**とりわけ上司は、部下の失敗が「間違い」だったのか、チャレンジを経ての「失敗」だったのか、見極める必要がある。**

同様に、「怒っている」と「叱っている」も違う。

「叱っている」ときは、もっと良くなる、次からは改善してほしい、という思いから出てきている。「怒っている」というのは、単なる感情である。

そして、**「間違い」と「怒り」はつながりやすい**ことに注意しないといけない。単純なミスを怒ったところで、得るものはない。部下が傷つくだけなのである。

ソニーの創業者の盛田昭夫さんに教わったことで、よく覚えていることがある。

僕は、つまらない間違いを盛田さんの前で犯してしまった。ところが、その時点でどうしようもないときには、盛田さんは絶対に怒らなかった。

あるとき、僕はそれが気になって聞いてみたことがある。

「どうして、あんなミスをしてしまったのに、僕を怒らず、平然としているんですか」

盛田さんは、こんなふうに答えた。

「オレが怒ったって、その場の改善ができるわけではないだろう。例えば、もう会が始まっていて、席順に人は並んでいるときに、『出井が席順を間違えた！』と怒ったところで、今さら何も始まらないじゃないか。だから、怒らないんだ」

なるほどと思った。盛田さんは「次のときは絶対にミスをするな」というときには、きちんと叱っているのである。ところが、怒ることはしない。

怒ったところで何にもならないときには、怒らないほうがいいのだ。

さらにいえば、**小さな失敗は、大きな失敗を回避できる。**

これは間違いなく事実だ。その意味で、失敗はしたほうがいいのである。もとより「失敗はするもの」なのだけれど……。

そして、このときの失敗の意味は、単純なミスや間違いではなく、リスクを取ったり、変化に挑んだり、そういうときのアクションの結果を指す。

失敗は「挫折」に置き換えてもいい。小さな挫折は、取り返しのつかないような大きな挫折を回避できる。

こう考えてみると、日本語の「失敗」という言葉は、あまりふさわしい言葉ではないように思える。

アメリカでは今、「Resilience」(レジリエンス)という言葉が流行っている。これは、耐性や復元力といった言葉だ。

日本は、どうにもレジリエンスが弱い気がする。それは、失敗という言葉のもつネガティブなイメージとリンクしているように思えてならない。

耐性、復元力が必要なのは、「失敗はするもの」という前提だからである。

今こそこの言葉を、日本人は持ったほうがいいと思っている。

若かりし頃には至らなかった点も、あのときに叱ってくれた（いや、怒っていただけかもしれないが）女性社員たちのおかげで、少しずつ改善されていったといっても過言ではない。とりわけ**コミュニケーションにおいての失敗は、人からの指摘からでしか克服できない**と思う。

人は人で育つ。

振り返ると、本気で叱ってくれる人が周りにいたことも大きかった。僕自身、本当のことを口にしてたくさん失敗したが、本当のことをいってくれる人に助けられたことも事実だ。本音で人とつき合っていくことは、短期的に見れば失敗だらけかもしれないが、長い目で見たときには、得るもののほうが大きかったと思う。

失敗がもたらす4つの力

改めてこの章の終わりに「失敗」がもたらすものについて、まとめてみたい。

1．キャリア（現場経験）

失敗は「現場」からしか生まれない。失敗こそ、貴重なキャリアとなる。

僕の場合、海外生活や配置転換など、転職こそしていないものの、実に多くの「現場」を経験してきた。そのことが、結果として社長になったときに役に立った。

2．成長

「失敗」がなければ、人は成長しない。失敗を「次の成功」に変えられるか。
失敗はするものである。何かをすれば必ず失敗する。新しいこと、難しいことに挑戦すればするほど、失敗の数も増える。それらを一つひとつ乗り越えていくことで、人は成長する。

3．リスクとリターン

残念ながら、リスクをとらない人には、リターンもない。リスクをとれる人こそが生き残れる人材である。大きなリターンを手にするのは、大きなリスクをとってきた人だけだ。

4．自分の武器

失敗経験という「経験値」は、活かし方次第で自身の強みになる。やみくもにただ失敗すればいいという話ではない。仮説を立て、戦略的に考え、行動した結果の失敗であれば、次につながる。外国企業では失敗経験のある経営者は評価されるが、それは失敗を「自分の武器」にできた者にだけ与えられるものだ。

繰り返すが、失敗は不可避なものである。その前提の上で、いかに失敗から学び、次に活かしていくかが問われる。

失敗がもたらす 4つの力

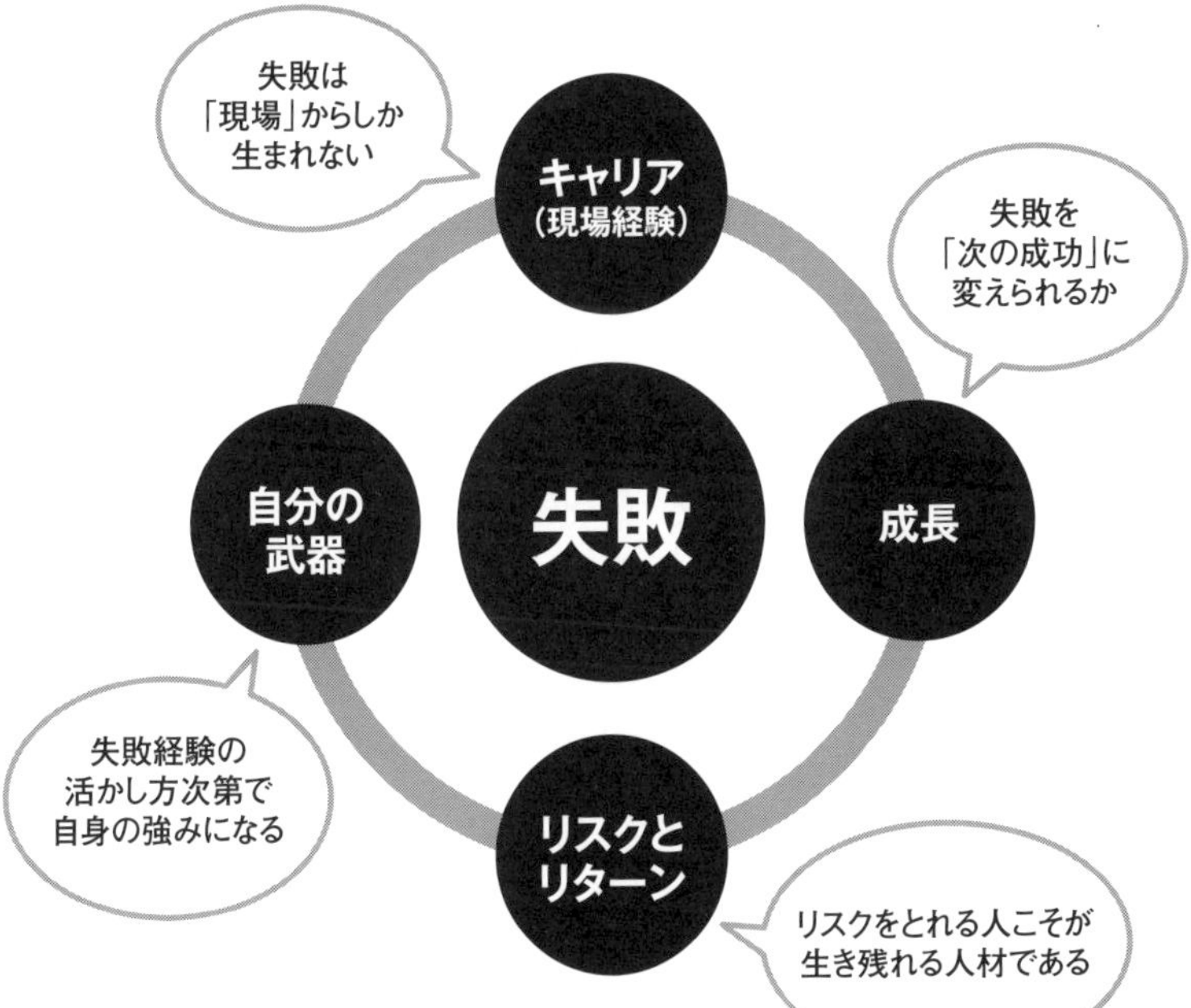

いかに失敗から学び、次に活かしていくかが問われる。

column

自分の意思決定のログを取ろう

人間の脳には、ロジカルな部分とエモーショナルな部分がある。論理的な考え方と、直感的な考え方、と言い換えてもいいかもしれない。何かの行動を起こすとき、そのどちらかが、もしくは両方が動いているわけだが、**論理と直感、どちらが主で動いたか**、常に自分で認識しておくことが、僕は大事だと思っている。

例えば、電車の中で、お年寄りに席を譲る。そのときに、とっさの直感で席を譲ったのか、それとも周囲の様子を見て考えて席を譲ったのか。

どちらのほうがいいか、ということは簡単には断言できないが、僕の場合は、どちらかというと、とっさに考えて判断した後に、「いや、それはやっぱりダメだ。やめたほうがいい」と論理的に考え直したときのほうが、後悔することが多い。

コンピュータ用語でデータを蓄積していくことを「ログを取る」というが、ある出来事に対して自分が判断を下したことについて、どんなプロセスを経て決めたのか、そしてその結果がどうだったのか、を記録に残すことをおすすめする。面倒だと思うかもしれないが、自分にとっては、どういう判断の仕方がふさわしいのか、いい結果を残せるのか、しっかり検証する意識を持っておかなければ、その精度は上がっていかないからだ。

僕の場合、自分でログを取って検証した結果、**直感のほうが意外に正しい**という結論に達した。自分で分析し出してからわかるようになった。

そんなわけで、僕は基本的には直感を優先している。

何かを考えるときには、まず直感を働かせて、その後に論理的に考えるけれど、さらに振り返って、「これは最初にどう感じていたのか」ということに立ち戻って判断することにしている。

とりわけリスク管理においては、直感を大切にしている。例えば、飛行機に乗るとき、少しでも心に迷いがあったら、絶対にその飛行機は使わない。それを原則にしているから、迷うことはなくなった。

こうした意思決定のログ取りと検証・分析作業は、自身のリポジションにも大いに役立っている。

第3章

誰もやりたがらないほうを選ぶ

——みんなが嫌がる役回りを引き受ける

大不況のときに、大不況部門の事業部長を希望する

ソニーの社長になったとき、57歳だった。

「さぞや華やかな部門を歩んでこられたのでしょう」という質問を次々に受けることになった。しかし、ここまで読んでくださったみなさんは、よくおわかりだと思うが、実際は逆である。

僕はむしろ、いつも陽の当たらないところにいた。

たまたま当たる時期もあったけれど、それは結果としてそうなっただけである。

とりわけ、**自分の意思で「リポジション」をしたときは、人がやりたがらないことを選ぼうと考えた。**険しい道、厳しい選択、面倒なこと。その選択が、次のチャンスをもたらしてくれたのだと思う。

「たくさんの人がやりたいと思っていること」をやらせてくれといっても、そうそう簡単に通るものではない。**しかし、誰もやりたがらないことなら、やらせてもらえる可能性が高い。**

「これまで誰もやっていないことを、次の選択肢にしよう」と決めた。

そもそもソニーは理系の会社だ。ものづくりの長である事業部長には理系出身者が就くのが当たり前。文系出身者は管理部門の部長になるのがお決まりのコースだった。だが僕は文系出身にもかかわらず、事業部長になりたいといった。商品に近い「現場」で培ったさまざまな経験を、商品の価値をつくる場所である事業部門で活かすことが、会社に貢献できる最善の選択だと思ったからだ。

だが、もちろん会社としては前代未聞の人事となる。そう簡単にやらせてもらえるものでもないことはすぐにわかった。理系の社員だって、黙ってはいないだろう。

そこで僕は準備を始めた。

企画スタッフ時代から、どの事業部門なら事業部長になれる可能性があるか探っていったのだ。それこそ、どの事業が好調で、どの事業がジリ貧なのか、企画部門にいれば、よくわかったのである。

そしてターゲットに定めたのが、オーディオ事業部だった。当時、日本企業全体がオーディオ不況でひどい状況に陥っていた。会社の中で、一番苦しい状況にあった部署を選んだのである。

当時は、コンパクトディスクが出てくる前で、価格競争の激化とマーケットの飽和で、大変なオーディオ不況になっていた。

要するに僕は、**苦境に陥っている部門の「再生屋」をやることで、事業部長になることを考えたのである。**

大不況の部門だった。そんなところに、進んでいきたがる社員はいなかった。これは、会社としても、ありがたいと思ったのかもしれない。OKが出た。

実はこのとき、僕は本当にうれしかった。事業部長になれる。しかも、大好きなオーディオ部門の、である。

「リポジション」という意識は、当時はなかったけれど、**明らかに違うステージに行けることも確信していた。**文系出身者の事業部門就任は、ソニー創業以来の出来事だった。

「ワーキング・クラス」から「クリエイティブ・クラス」への転換

「人生最大の岐路が40代」と序章で書いたが、オーディオ事業部長へのリポジションは42歳のときだった。

このリポジションについて説明する前に、序章で紹介したリチャード・フロリダ『新クリエイティブ資本論』（ダイヤモンド社）の説明が、非常にわかりやすいので紹介したい。

職業の階層においては、「ワーキング・クラス」と「クリエイティブ・クラス」がある。「ワーキング・クラス」とは、同じことを繰り返していく立場。一方の「クリエイティブ・クラス」は、何かの価値を生み出す立場。

この考えは、中堅以上の人間には極めて重要になってくると思っている。いくら順調に出世したとしても「ワーキング・クラス」のままでは、自身のキャリアは広がっていかない可能性がある。

なぜなら、「ワーキング・クラス」では、次から次へと代わりの人材が出てくるからだ。言葉は悪いけれど、使い捨てができてしまう。加えて、部長のその先、経営のステージとはまさに「クリエイティブ・クラス」である。

となると、どこかで**「ワーキング・クラス」から「クリエイティブ・クラス」に、チェンジしないといけないのだ。**

ビジネスパーソンにおける、「ワーキング・クラス」から「クリエイティブ・クラス」への転換。

ところが、これは、必ずしも会社がやってくれるとは限らない。「ワーキング・クラス」を極めてもらったほうが、会社としては、あるいは上司としては好都合な場合もあるからである。扱いやすい、何かと便利な人材だからだ。

しかし、それでは「クリエイティブ・クラス」に移れない。どこかでステージを変えて、「クリエイティブ・クラス」に移れるか。それとも「ワーキング・クラス」のままで、若手に追い越されたり、突然キャリアが閉ざされてしまったりするようなことになってもいいのか。**コンフォートゾーンにとどまることで、自身の成長を止めてしまってもいいのか。**それをしっかり認識しておいたほうがいい。

ここ数年、「仕事はスペシャリストを目指せ」というメッセージが多方面から流れてきていたように思う。しかし、本当にそうなのだろうか。スペシャリストを極めた先に、経営の仕事は待っているか。スペシャリストをずっと続けていれば、本当に「クリエイティブ・クラス」に近づけるのだろうか。

もちろん、得意な仕事は必要だ。しかし、むしろ僕は、ゼネラリストをもっと評価していいと考える。いろいろな部門に行って、学んでくる。いわば「繰り返しのワーキング・クラス」を、いろんな場でやる。常に変化のある状態に身を置く。**一見、「また一からやり直しだ」と思える経験こそが、大きな力となる。**

結果として、あるときポンとジャンプができて、そのステージを「クリエイティブ・クラス」へと近づけることができる。

まさに僕の今の会社の社名と同じ**「クオンタムリープ」（量子的飛躍）**である。

長く働く上で、「自分の会社」という意識を持って、「クリエイティブ・クラス」に移ることを意識的に行うことが大切である。

「クリエイティブ・クラス」に移った後も、たくさんのクリエイティブな仕事をこなし、ジャンプを続ける。こうして、**自分を超え続けるような仕事**をして、やがてスーパーゼネラリストに転身、成長していくのだ。

居心地のよさを感じたら、次のステージに移るタイミング

40代の「リポジション」は、**意図的に自分の環境を変え、居心地を悪くするという意味で、最も大きな決断だった**と思う。

なぜなら、居心地のいい状態というのが、実は最も危ない状態だからだ。売り上げ右肩上がりの花形部署が居心地のいい場所とは限らない。「社内の落ちこぼれ」という立ち位置も、実は居心地がよかったりする。誰もライバル視をしないし、過度な期待や責任も持たされない。

いずれにしても、居心地のよさを感じたら、そこからあえて出て行く意識を持たないといけない。**今がいいと思ったときこそ、次のステージに移るタイミング**なのである。

ここで本当に目の前にいる優秀な社員と戦えるのか。僕は自問した。

そこで考えた末に思い浮かんだのが、文系がまず行くことはない道を選ぶこと。当時は理系社員のキャリアだった「事業部長」になることだったのである。

だが、文系初の事業部長になど、そうそうなれるものではない。

そこで業績がどん底まで落ちていたオーディオ事業部を、僕は選んだ。ここならいいだろう、と思われる選択である。それどころか、どん底部署の責任者などやりたくないと、誰もが避けて通る道だ。

もちろん、奇をてらったわけではない。**「組織の中でいかに自分という人間を役立てるか」という視点で考えての提案**だった。

居心地のいい場所を離れよう。

ソニーを辞めるか、事業部長になるか、僕は二者択一だと腹を決めた。

結果として、オーディオ事業部長のキャリアがスタートすることになる。

「文系」から「理系」に行くのは、海外生活、すなわち異文化に身を置くという意味において、アメリカやフランスに行くのと同じだと考えた。新天地でのスタートと、捉えたのだ。

事業部長になるにあたり、それまで僕についてくれていた秘書はじめ、すべてのスタッフを残して、僕は一人で事業部に行くことにした。居心地の悪い環境をあえてつくろうとしたのだ。本気だった。

何もないところからスタートする。

「リポジション」によって自分を追い込もうとしたのである。

成長期の事業再生は、最もやさしい仕事である

かくして僕のオーディオ事業部長としての日々が始まった。

環境がまったく変わるということがどれほど大変なのか、想像はしていたが、それは予想以上だった。

部下となる技術者も、困惑していたのではないかと思う。新しくやってきたのは、技術のことがまるでわからない上司なのだ。ちょっと試してやろう、とばかりに、僕にはいろいろな試練が待っていた。

例えば、スピーカーの聞き比べ。どちらのスピーカーがいい音か、と尋ねられるのだが、実は両方とも同じスピーカーだったりするのである。こういうときは、僕自身も笑うしかなかった。

とにかく知らないことだらけである。しかも、秘書をはじめ企画部門時代のチーム

はすべて残してきたので、まったくの一人。じたばたしても始まらない。**わからないことは素直にわからないといおう、**それだけを心がけていた。

専門知識を持っている人を目の前にして、最もやってはいけないのは、知ったかぶりをすることである。それだけは避けなければいけないと思っていた。それこそ得るものはなく、信頼を失うだけである。

わからないことは、素直に専門家に教えを請えばいい。そういう姿勢でいれば、間違いなく教えてもらえると思っていた。実際、技術者というのは、そういう人たちなのだ。わからないから教えてほしい、という態度の人間には、丁寧に教えてくれるのである。僕は技術者の中に、次第に溶け込んでいくことになる。

一方で僕に委ねられていたのは、どん底まで落ち込んでいた事業の再生である。実はこれには、それほど悩みはなかった。というのも、成長期の会社の中の特定事業部門の再生というのは、最もやさしい仕事だと思っていたからだ。

一番難しいのは、新しいものを生み出す仕事である。

次に難しいのは、それを伸ばしていくこと。その次が、後発として事業を後追いしていくこと。

そして、**一番やさしいのは、成長期にある企業の中で、苦境に陥っている事業を再生することである。**

なぜかといえば、固定費さえ下げれば、利益は出るようになるから。無駄を省き、合理化を進め、固定費を下げることで、事業の赤字を縮小していった。どん底の事業は、ようやく少しずつ薄明かりが見えてきた。もちろん、ただ縮小していくだけでは再生はできない。得た利益を再投資して、新しいものを伸ばしていこうと考えていた。

そんなとき、新しいテクノロジーが出てきたのである。

オーディオの新しい時代を切り拓くことになり、後に爆発的なヒットを記録するコンパクトディスクプレーヤーである。

僕は本当に幸運だった。オーディオ不況で誰も行きたがらなかった事業部は、コンパクトディスクの登場により一変した。次の世代のテクノロジーであるデジタル技術を、身をもって体験できたのである。

新しい分野なら、誰もがみな素人

コンパクトディスクは、事業部を急成長させるだけでなく、事業部長としての僕の立場も変えてしまうことになった。なぜなら、まったく新しい技術だったからだ。

端的にいえば、光の技術であるコンパクトディスクに関して、社内には専門家がほとんどいなかった。デジタルオーディオエンジニアは当時、まったくといっていいほど社内にいいなかったのである。

新しい分野に入ったら、それについて知っている人間は極めて少ない。どういうことになるのかというと、**文系の事業部長である僕も、第一線の技術者も、みんなほとんど素人の集まりからスタートする、**ということになる。これまでの「技術を知らない事業部長」という立場はあっという間に払拭されていったのである。

誰も知識を持っていない、まったくのゼロからスタートができるということは、そのときは大変でも、振り返ればとてつもない幸運に恵まれていたといえる。

「前例がない」などとひるむことなどない。世の中の多くは前例だらけだ。ゼロから何かを始められる環境がそこにあるのであれば、迷わず選択することをすすめたい。

さて、僕に求められたのは、デジタル技術を使って、どんなビジネスを展開していくか、**ビジョンを掲げていくこと**だった。どうもそれは、技術者にはなかなか持てない視点のようだった。

何度も配置転換されるたびに、イチから学び直した。本を読んだり識者に会って知見を深めたりした。常に仮説を立ててオリジナルな考えを生み出すよう、心がけてきた。そうした経験が、ビジョン策定に大いに役立ったのである。

「将来、ビジョンをつくる仕事をするから勉強しよう」ではない。置かれた環境で必死に学んできたことが、結果として今の仕事につながっただけである。必死といってもストイックにやってきたわけではない。**新しい学びを楽しみながら、試行錯誤をしてきただけである。**多くの失敗はあったものの、常に変化を受け入れ、変化を楽しみ、前向きに目の前の仕事に取り組んだ。この積み重ねが、**知らず知らずのうちに、自ら**

を成長させてくれたのである。

最初は技術を知らない異端の事業部長だった僕は、自らデジタルについて勉強を深めていったこともあり、やがて事業部内でその存在感を高めていくことができるようになった。

最悪の事業部を選んで進んだら、そこには**新しい未来の萌芽が眠っていた**。新しいテクノロジーは、それまで沈んでいた事業部内を一気に活性化させることになったのである。

僕はプロトタイプから発想していくのが、大好きだった。こんなものがあればいいなぁ、と外見から考えてしまう。そしてそれを形にして、事業部長室に置いておいたりした。そうすると、出入りする技術者が目にしていくのだ。

「これは何ですか」

「未来のコンパクトディスクプレーヤーだよ」

そんなふうにして、どんどん薄型、小型のものがソニー社内で開発されるようになっていった。

ただの思いつきでプロトタイプをつくっていたわけではない。この先、コンパクトディスクのプレーヤーは極限まで小さくなることを予測していた。それこそ実際に、ポータブルのマシンが出てくるわけだが、当初、そんなものができるなどとは、誰も予想していなかった。

そんなときに、僕は極小のコンパクトディスクプレーヤーのプロトタイプをつくって、オーディオ事業部長室に飾っておいたのである。

未来を予測し、形にしていくことで、より速く、未来に近づけたのかもしれない。

「最悪」がもたらした、思いがけない飛躍

オーディオ事業部というリポジションは、その後、僕に思ってもみない機会を与えてくれることになる。コンピュータ事業である。

きっかけは、ほんのちょっとした会話だった。コンパクトディスクを世に送り出して間もなくして、僕は営業のために、大阪の量販店に行った。ちょうど当時の社長である盛田さんも一緒だった。コンパクトディスクがいかに素晴らしいものかを説いていると、量販店の社長がポツリとこう問いかけたのである。

「ソニーはどうしてコンピュータをやらないんですか」

そんなことを急に盛田さんに尋ねられても、盛田さんも困ってしまうだろうと思い、僕は横から助け船を出した。

「すでにソニーでは商品化を始めています」

そもそもコンパクトディスク（CD）はデジタル技術だ。これまでのアナログとは違い、二進法の世界。デジタルについて学んでいるうちに、4ビットのパソコンなどの知識も頭に入ってきた。70年代後半から80年代前半、まだパソコンもないボードコンピュータの時代だった。

CDという新しい技術を学ぶ中で、デジタルや光、半導体、そしてコンピュータと知識が広がっていった。**前例のない中での学びは、知識の広がりをもたらし、思わぬ方向に自身を導いてくれる。**

CDプレーヤーをつくるのには、オーディオのエンジニアだけでは限界があった。彼らにはデジタルの知識がない。既存の技術の延長ではない、新しい分野、今思えば、まさに**あのときはまったく新しい発想の「ABC戦略」が必要だった。**そこで、研究開発部門にいたエンジニアをオーディオ事業部にリクルートした。このように、コンピュータ事業を進める「準備」はできていたのである。

この大阪訪問の後、僕は経営会議に呼ばれた。その場で、コンピュータ事業部長を命ぜられるのである。しかし、僕は文系の人間だ。そんな人間にコンピュータの事業部長をわざわざ任せなくても、と問うと、盛田さんはこういった。

「ソニーの技術者だって、コンピュータを専業でやっている人間は少ないじゃないか。だから、大丈夫だ」

どん底だったオーディオ事業部で偶然、デジタルの技術に出合い、そこからコンピュータというデジタルの最先端の領域に、僕は導かれることになるのである。本当に予想もしない事態だった。

臆することなく口にすると、こういうことが起きる。もちろん、ウソやでっち上げはいけない。常に**「次」を考え、先を見据え、未来を予測し、自分なりのロジックを組み立て、それなりの準備をした上での発言でなければ、信用されないだろう。**とはいえ、やはり走り出すことが重要なのだと、このときに改めて思った。

やりたくない仕事にこそ、チャンスは潜んでいる

だが、順風満帆とは無縁の僕の人生、このコンピュータ事業は、残念ながらうまくいかなかった。

1980年代前半、当時、人気絶頂だった松田聖子《まつだせいこ》さんをキャラクターにして、8ビットのパーソナルコンピュータ（HiTBiT MSX）を宣伝したりしたのだが、いかんせん早すぎた。「コンピュータでいろんなことができる」といっても消費者にその準備ができていなかった。

一方、用途を限定することで、大ヒットするメーカーが出てくる。それが任天堂のファミリーコンピュータ、いわゆるファミコンである。ソニーは、コンピュータ事業から撤退することになった。ちなみに再びコンピュータに参入するのは1996年の「VAIO」シリーズ、僕の社長時代のことである。

コンピュータ事業部長を後に解任され、次はレーザーディスク事業を手がけることになった。すでに先行しているメーカーがあり、後追い参入だっただけに、最小の人数でやろうということで、音響部門の一部と品質管理を他の事業部に委ねるという、ひとつのチャレンジをさせてもらった。**徹底した効率化の追求**である。

新しい課題が与えられるのも、リポジションの利点である。後づけの話でしかないが、配置転換をするたびに、経営者としてやっておくべきことを、ひとつずつ経験させてもらったように思えてならない。

実のところ、コンピュータ事業をもっと追求したいという思いがあり（この思いは社長に就任後、僕の肝煎りでＶＡＩＯを発表することでリベンジを果たすことになる）、レーザーディスクに興味があったわけではなかった。しかも後追い参入である。

率直にいってしまえば、積極的にやりたいとは思っていない仕事だった。

しかし、この**「やりたくない仕事」には、思わぬ収穫が待っていた**のだ。

このレーザーディスクの仕事を通じて、僕はハリウッドとのつながりを得ることになった。スティーブン・スピルバーグ監督の事務所であるアンブリン・スタジオに出入りすることを許されたのをはじめ、エンターテインメントの世界に足を踏み入れることになった。権利関係の交渉の必要があったからである。

レーザーディスク事業を委ねられたおかげで、スピルバーグや「E.T.」のプロデューサーのキャスリーン・ケネディなど、多くのハリウッドの監督やプロデューサーと知り合うことができた。

後にソニーはハリウッドのコロンビア・ピクチャーズを買収し、ソニー・ピクチャーズとして展開することになるが、社長になって映画事業も見ることになり、このときのつながりが大いに活きたのである。

最初のコンピュータ事業の撤退は、僕にとって挫折体験だった。しかし、挫折があったおかげで、いろいろなご縁をいただくことになった。何かを失うということは、ついネガティブな感情を引き起こしてしまう。だが、ポジティブに捉えれば、新しく得られるものがあるということだ。

たくさんの配置転換を経験してきたからこそいえる、ひとつのアドバイスがある。

もし**配置転換を言い渡されたり、誰もが嫌がる仕事を与えられたりしたら、落ち込まないことだ。挽回しようなどとも思わなくていい。**

むしろ、**せっかくだから楽しもうと肩の力を抜いて過ごせばいい。**素直な気持ちで目の前の仕事に取り組めば、またチャンスがやってくることもある。

それこそ、政治家でも、権力欲でギラギラしていたのが、ちょっと主流を外れたりすると、いい顔つきになってきたりする。カドがとれ、人間としてちょうど「いい加減」にしてくれる、くらいに思っていればいいのだ。また、こうした経験で得たものが、後のキャリアを支えた、なんてことはよくあることだ。

後に僕は事業部から本社に行くことになり、役員になった。そのときはこんなふうにいっていた。

「今度は本社に左遷になってしまったぞ」

もちろん、冗談でいったことだが、周囲からは、意外と真面目に受け止められていたかもしれない。そのくらい、僕はどんな仕事の場所でも楽しんでいた。**人の嫌がるところにこそ、チャンスは潜んでいるのだ。**

時には、自らの成功体験をも疑う

ソニーで僕が経験したことにしても、とんでもない変化の連続だった。オーディオのアナログ技術は、やがてデジタルになり、そしてコンピュータになり……。**僕自身の変遷は、ソニーの変遷でもある。**まさにソニーの「リポジション」だった。アナログからデジタル、ハードからソフト。さまざまな変化が訪れ、その都度、ソニーは変化を余儀なくされていた。それなのに自分が変わっていくことができていなかったとしたら、果たしてどうなっていただろうか。

花形部門のほうが危ない。ライバルも多い。チャンスの順番だって、なかなか巡ってこない。

むしろ、今一番やりたくないこと、それこそ人の嫌がる仕事をやっていると、チャンスが必ずやってくる。そのチャンスがまた次のチャンスを呼び、そういうことをや

っているうちに仕事に幅ができてきて、さらに大きなチャンスがやってくる。

オーディオ事業部長からコンピュータ事業部長になれたのも、ビデオ事業部のリポジションの仕事を任されたのも、文系から理系の世界に思い切って飛び込んだからこそ。すべて結果論といえばそうだが、人生のどこかで思い切ったリポジションを決断し、時には望まぬリポジションも前向きに受け入れてきたからこそ、道は拓けたのだと思う。

重要なことは、**うまくいっているときに意識して次の準備を始めておく**ことである。逆張りをして、「次」を仕込んでおくことである。それができていないと、やがて消え去らざるを得なくなるのである。

栄枯盛衰の激しいタレントの世界などは、その象徴なのではないかと思う。長く続いているタレントは、飽きられないよう、ピーク時にもしっかり次の種をまいている。

逆に、それができないタレントは、ある日、突然、これまで笑ってもらっていたネタが、まったくウケなくなることに気づく。これは、本当にある日突然、訪れるのだそうだ。社会が変化しているのに自分が変化できないと、こういうことになる。

これは、ビジネスパーソンも同じだと僕は思っている。一発屋で終わってしまうか、それとも「次」の専門分野を見つけて、新たな才能を開花させるか。

人のやっていることに疑いを持つことも必要だが、**自分がやっていること、自分の成功体験にも、常に疑いを持つことが必要である。**

うまくいっているときに「今がピークかもしれない」と次の準備を始めておくことこそ、文字通り「リポジション」といえる。

ところで、この本で何度か述べている「逆張り」について、ひとつ補足をしておきたい。みんなが表だから裏を選ぶ。逆張りは、このような単純なものではないということだ。

例えば飲料メーカーの伊藤園は他社がこぞって中国へ進出しているときに、アメリカに進出し、成功した。この事実だけを見ると、いかにも逆張りに見えるかもしれない。しかし、そこに海外進出のロジックがないと、一時的にはうまくいったとしても、本当の意味で成功することは難しいように思う。伊藤園は、後に中国や東南アジアにも進出し、販売を伸ばしている。

「AではなくB」という選択は、実は物事の全体像が見えていないと、正しい判断ができない。意思決定そのものも大事だが、その前に選択肢をきっちり並べ、客観的に状況を見ることも大事だ。

仮説を立て続けることを習慣にする

ここまで何度か、仮説を立てることの大切さについて書いたが、僕の場合、**仮説と検証の繰り返しが、結果として自身のキャリアになっていった**といっても過言ではない。

いつも考えて、仮説を立て続けていた僕の習慣が大きく活きるのは、1990年代前半だ。広報とプロダクトデザインを統括する役員として、ブランドの強化とブランドを守る「コーポレートコミュニケーション」というコンセプトを確立した。

僕は、社内にシンクタンクを立ち上げた。技術者を含めた10人ほどのメンバーを社内から集めて、人間とメディアがどんなふうに接触し、どう変わっていくかをテーマに探るセクションをつくった。

1993年、若手の役員が4人選ばれて、ロサンゼルスで演説を聞いてきなさい、という指令を受けた。それが、当時のアメリカ副大統領、アル・ゴアの歴史的なスピーチとなった「情報スーパーハイウェイ構想」だった。とても刺激的なスピーチだった。

アメリカは1980年代に民生用の製造業の競争で日本に敗れ、成長が鈍化した。そこで、当時の大統領、ビル・クリントンと副大統領のアル・ゴアが、新しい絵を描いたのだ。金融事業への特化とインターネットで買い物をすれば地方税がかからないなど、優遇措置をつくった。折しも冷戦崩壊で、軍事技術に携わっていた優秀な科学者の多くが職を失い、金融の世界に流れていった。アメリカは、壮大な「リポジション」を遂げることになるが、このときはまだ構想の段階だった。

ゴアのスピーチを聞き、帰国して、A42ページ程度のLAの出張報とともに書き上げたのが、「ソニーの10年後」というレポートである。これは、ずっと仮説を立て続けてきた僕の真骨頂といえた。

将来の仮説として、世界的に大きな通信業者が出てくることを予想し、今のYouTubeのようなサービス、SNSの存在についてなどが、93年のレポートには書かれていた。後のインターネット世界について、かなり正確に予測していたのである。それはまさにソニーの「リポジション」計画であったことに他ならない。

後に社長に任命され、この先どうすればいいかと呆然としていたとき、この2つのレポートを書いたことを思い出した。

僕はよく人から「先見性がありますね」と評価していただくが、それは才能でもセンスでもないと断言できる。リポジションのたびに無我夢中で学び、ただ勉強するのではなく、学びの中から「自身のオリジナルなアイデア」を常に生み出そうとしてきたからに過ぎない。

しかし、経営者の判断と、スタッフの（立場から描く）夢の仮説とは、まったく異質なものだと、後に思い知ることになる。

とにかく、僕は考え続けてきたのだ。

今もそうだ。

学び続け、考え続け、オリジナルのアイデアを生み出し、仮説を立て、検証する。

これを愚直に繰り返してきたことが、結果として、次のリポジションにつながっていったのだろうと思う。

「誰も見ていないところ」に注目する

ここまで、あえて人がやりたがらないほうを選ぼうと書いたが、

- **誰も見ていないところに、注目する**
- **誰も考えなかったことを、考えてみる**

ことも大事だ。思わぬところから課題が見えてくる。

「誰も見ていないところに、注目する」「誰も考えなかったことを、考えてみる」といえば、盛田昭夫さんとともにソニーの創業者である井深大さんを思い出す。井深さんは、まさにこの2つを地でいくような人だった。

僕がビデオ事業の近況報告に行ったら、

「これからは、デジタルの静止画だ」

という話をした。

ソニーを揺るがせていたビデオ問題がようやく決着したのに、井深さんはすでにはるか先を見ていた。デジタルカメラの時代を予測していたのである。

1980年代より前にも、僕が「ソニーでワープロをやろうと思います」という話をすると、「アラビア語でやってみてはどうか」などという。

こんな具合で、いつも「その先」を見ている人だった。

もっとも印象的だったのは、次の一言だ。

「月の裏を見たい。月の裏に、いろんなものを運ぶんだ。それをいち早くやろう」

そのスケールの大きさは、誰もかなわなかった。

思い返せば、盛田さんや井深さんのようなスケールの大きい経営者と働くことができたことは、何より幸運だった。**変化をおそれず、常識にとらわれず、常に次を見据え、思いを馳せる。**僕がこんなふうに考え、動くことができたのも、率先垂範してリポジションする人たちの存在があったからかもしれない。

誰も見ていないとこに注目といえば、1998年に出版された書籍『複雑系のマネジメント』（週刊ダイヤモンド編集部、ダイヤモンド・ハーバード・ビジネス編集部編／ダイヤモンド社）の中で、僕はすでにプラットフォームというビジネスモデルについて言及している。経営学者の國領二郎《こくりょうじろう》先生から同書の中でコメントをいただき、僕のアイデアに注目してくださったことに喜びを覚えた。

これからの時代は、さらなる変化の波が押し寄せてくるだろう。そのとき、何が起こっているのだろうか。引き続き、誰も見ていないところに注目し、誰も考えなかったことを、考え続け、たくさんの若い人たちと語り合いたいと思っている。

column

図形を使って、物事を多面的に考える

現実を分析したり、仮説を立てたりするためには、いくつかの方法がある。

例えば、対極にあるものを常に意識することもそうだ。微視と巨視、短期と長期、具体化と抽象化……。

視点を行ったり来たりさせることで、物事の本質に近づこうとしてみる。目の前にある仕事だけを見つめていたら、大きな動きを捉えることはできない。逆に、大きな動きだけを捉えていたら、小さな動きを見失う。

マクロの視点とミクロの視点を、自動的に考えさせてくれるツールがある。そのひとつが「マンダラチャート」だ。中央にテーマがあり、ぐるりと取り囲む形で曼荼羅のマトリックスがつくられているノートである。

これを使うと、鳥（マクロ）の目、虫（ミクロ）の目、魚（トレンド／関係性）の目で、1枚のチャートを見ることができる。

使い方は極めて簡単である。マンダラチャートの中心核にテーマ、課題、目標などを記入し、その解決、実現、達成、整理するための要素を順番に記入していけばいい。すべてが埋まらなくても構わない。中心核にテーマを置いて、考えることが重要なのだ。企画や開発、目標の達成、記録などに使える。

何かの問題意識があれば、中心核にぽつんと置いて、そこから周囲に何があ

30年くらい使っている マンダラチャート

6	3	7
2	中心に テーマ、課題、目標などを 記入	4
5	1	8

解決、実現、達成、整理するための要素を
周囲のマスに、数字の順番に記入していく

「クリエイティブ・クラス」の
ツールとして活用。
全体像が見えやすい。

るかを考えていくことができる。

もう30年くらい使っているが、とても重宝している。きっかけは、オーディオ事業部長に就任したことだった。それこそ、「リポジション」したときに、こういうものが必要になったのだ。

なぜなら、考えることが一気に増えたから。それまでの企画スタッフでは、やることはある程度、自分のわかる範囲だったし、先も見通せた。「ワーキング・クラス」の仕事とはそういうものだ。ところが、製品を生み出す事業部ではそうはいかない。

資材の調達、コスト、販売価格、製造プロセス、工場運営、開発スケジュール、販売動向など、幅広い情報に目配りをしなければいけなくなった。そこで、**「クリエイティブ・クラス」のツールが必要になった**のである。このとき、少しでも網羅性を高められるように、と取り入れてみたのが、マンダラチャートだった。

もうひとつ、多面的に考える方法としておすすめなのが、**三角形で考える**というやり方だ。

フランスにベルナールという社会心理学者の親友がいるのだが、彼に面白い話を聞いた。ローマ神話でも、神様は三角形でバランスされているというのだ。この三角形は、スタートアップベンチャーにも大企業にも共通して必要な**「組織経営」の組み合わせでもある**。

三角形の上に位置するのが、知の神ユピテル（Jupiter）。いわばビジョンの神である。すべての組織には志・ビジョンが不可欠だ。CEOや社長の役割ともいえる。

左側にあるのが、戦いの神マルス（Mars）。力の神である。ビジョンを実際に実行する役割。COOがこれにあたる。

そして右側にあるのが、調和の神コンコルディア（Concordia）。調和の神だ。営業・財務・人事など組織の維持・発展の土台をつくる人たちのこと。CFOがこれにあたる。

家庭を見ても、父がユピテル、母はマルス、子供がコンコルディアといえよう。母がユピテル、父がマルスという家庭もあるだろう。

いずれにせよ、これらは**組織に絶対必要な3大要素である**。

このチャートは自分自身の分析にも使える。

組織に必要な3大要素

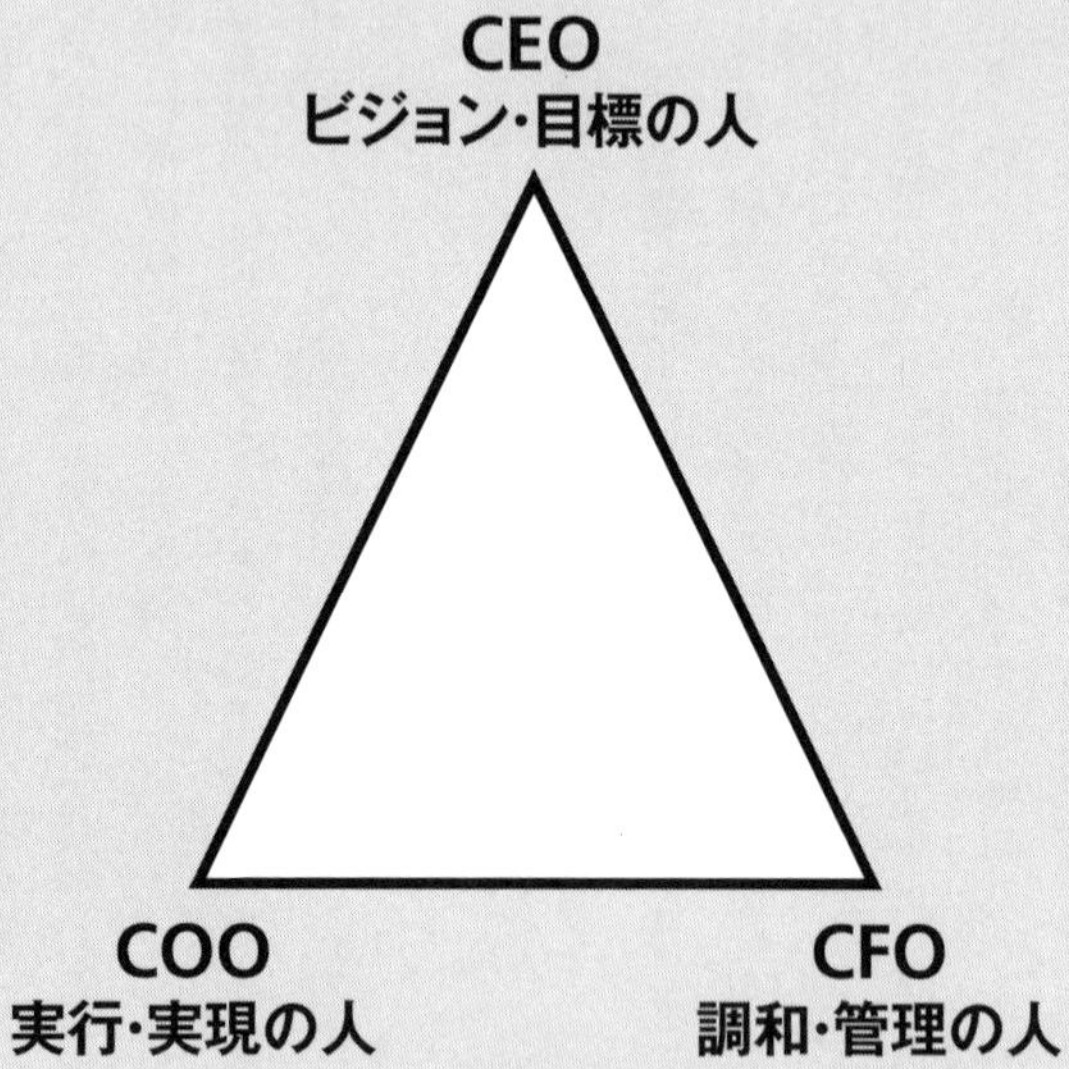

三角形で考えると
全体のバランスを
俯瞰できる。

例えば何かのイベントを開催するとする。自分はいつも「何かやるぞ」という言い出しっぺなのか。また、店の予約から料理まで、手配をする人なのか。お金集めや、全体連絡など、イベントを裏方として支える役なのか。「私はユピテルなので補佐的な人が必要だな」など、自分のことを知るのにとてもいい考え方だ。

この、「バランスの中での自分の役割に気づく」ということが、チームや組織においては大きなカギとなる。自分を知るということは、自分が置かれている環境や、そこにいる仲間のことを知るということにもつながる。

また、一人の人間の中に、三角形の3つの役割があることを自覚するのも重要だ。あるときはリーダー役、あるときは実行役、というふうに、それぞれの場面で自分自分に求められている役割を理解することが、自分と人とを上手くつなぐカギとなる。

三角形は、どちらかに偏ることなくバランスがとれて成り立つ。

完璧なバランスが必要になるのだ。だからこそ、面白い。いろんな物事を三角形で考えると、バランスがとれていくのである。

それこそ三角形だけで、10通りほどの思考パターンがある。

こんな具合に、**図形を使うことで、物事を多面的に見ることができるのだ。**

第4章

人との距離感を保つ

――フラットな人間関係が何よりも大事

いいリポジションには、いい人間関係が不可欠

第3章までは、失敗や挫折を含め、自身の「リポジション」経験をお伝えした。

これまで上司と衝突した話をしたが、僕のキャリアを支えてくれたのもまた、当時の上司たちだった。

さまざまなリポジションを経験し、人との縁、人とのつながりがいかに大事かを実感している。ここまでお読みいただいた人には、出井は人づき合いが苦手な人なのかという印象を与えてしまったと思う。そのとおりである。

しかし、**失敗続きだったからこそ、人づき合いに関してはたくさん学ぶことができた。**大きな組織の中で、人間関係についてはそれなりに鍛えられた。苦手だったからこそ、謙虚に学べたのだと思う。

ソニーを退社し、クオンタムリープを立ち上げた今、僕は実に幅広い人たちとの交

流を行っている。それこそ世界の要人から、経団連企業のトップはもちろん、若手ビジネスパーソンや起業家、大学生もそうだ。さらには、物流センター時代などのかつての職場の仲間や妻の友人たちなど、年齢も国籍も性別もバラバラ。それこそグローバルな人間関係を築いている。

「出井さんは、どうしてそんなにお友達や仲間がたくさんいるのですか？」

「かつての職場の人たちと、今もなお交流があるのはなぜですか？」

「会社名や肩書きとは関係ないところで、歳の離れた人など、いろいろな人とおつき合いできる秘訣は？」

こんな質問をよく受ける。

そこで、第４章では、いいリポジションをする上で、いや、それ以上に人生を楽しむ上で欠かすことのできない、人づき合いについて書いていきたい。

大事なことは「距離感」だと僕は考える。ただ親しくしていればいいというものではない。**相手との適正な距離感を保つことが、いい人間関係を築く**。

人づき合いが得意ではなかった僕が、なぜ大きな組織でやっていけたのか。そして起業後も多くの人と交流ができているのか、この章を読んでいただければ、ご理解いただけるのではないかと思う。

どうしたって、社内のつながりは無視できない

破天荒で自由人だと思われがちな僕だが、**社内の人脈はものすごく大事**だと思っている。それこそ小さな「リポジション」には、社内の人脈が常に関わってくるものだ。人脈という言葉から「社外の人との関係」というイメージを持つ人もいるが、僕はそれだけでは足りないと考える。

部署を変わるごとに、3人の人脈を持つこと。

ソニー時代の僕の基本的な考え方である。「この人はいいなあ」と思う人を見つけて、友人になるのだ。その後、部署が変わったりしても、つながりを保つ努力をする。

先に、物流センターに配属されたときの女性社員たちとの集まりを今も企画・実行していると述べたが、それは自分から積極的にコミットしていったからである。頻繁でなくてもいいので、ちょっとしたときに顔を出したり、食事をしたり、ということ

を続けてきたのだ。そういう**「ゆるやかなつながり」**が、ソニーだけでもたくさんある。

お声がかかるのを、待っていてはいけない。

たとえ、会社内のポジションがどんどん上がって、偉くなっていったからといって、いろんな集まりに自動的に呼ばれるわけではない。自分からアクションを起こしたりして、維持する努力をするからこそ、つながりは得られる。そして、そういう集まりの機会をつくってくれる人間を、人は大切にしてくれるものである。

人づき合いにおいて、メリットばかり考えないことも大事だ。

会社員は忙しいし、自分の立場がある。メリットのないことに時間を使いたくないという気持ちは理解できる。しかし、それではあまりに寂しいし、つまらない。

何のために毎日会社に行っているのだろう。

「今過ごしている時間」を本当の意味で大切にするということは、どういうことだろうか。

ちょっと考えてみてほしい。

ましてやポジションが上がっていくと、余計に忙しくなっていく。おのずと、一見メリットがない人とは、つき合いにくくなっていく。中には「なぜ今の仕事につながらない人と会わなければいけないのか」という人も。

会社は仕事をする場所であるが、周りの人たちと、ともに生きていく場所でもある。人生の大半を過ごす場所で、立場や利害関係を越えた気持ちのいい人間関係をつくることがデメリットだというのであれば、何が人生においてメリットなのだろう。目の前のメリットばかりを気にする人とばかりつき合っていたら、過ぎれば終わり。何もなくなる。メリットが見つからなくなれば、お互いに関係が終わってしまうからである。そういう人生で果たしていいのだろうか。

もちろん僕は会社員時代、そこまで考えていたわけではない。

純粋に、面白い人たちと一緒にいられることが楽しかったのだ。楽しい時間を過ごせるというだけで、ありがたいと思う。そして、どんな場でも、どんな人でも、必ず何らかの学びがもらえると思っている。気づきや発見、インスピレーションをもらえる。そういうものが、びっくりするような場面で活きてきたりもする。

もちろん仕事でのつながりや専門的な知識を持っていることは、社内の人脈として重要なことだと思う。だが僕は、そういうこと以外で、面白いことを知っている人、一緒につき合ったら楽しい人を探していた。

それこそ仕事面でのメリットのようなことばかり考えていたら、人脈もつまらないものになるのではないかと思う。

人づき合いには、その人の人となりが垣間見える。

自分の社内における人づき合いはどうか。振り返ってみてはどうだろうか。

評価しているのは上司ではなく、職場全員

会社では、自分の評価は直属の上司がしている、と思い込んでいる人がいる。たしかに最終的には直属の上司がすることになるかもしれないが、評価をしているのは、直属の上司だけではない。職場の全員がしているのである。

ある宇宙飛行士にこんな質問をしたことがある。

「たくさんの宇宙飛行士がいるわけですが、どうやって最終的に宇宙に飛んでいくメンバーは選ばれるのですか」

そうすると、彼はあっという間にこう答えてくれた。

「秘書の評価です」

宇宙飛行士を選ぶ人たちがいるわけだが、そういう人たちだけが選んでいるわけではない、というのだ。その秘書たちも選んでいる、というのである。

それはよくわかる。宇宙に行けば、出てくるのは人間としての本音だ。上司や偉い人に対する態度が本音とは限らない。だが、自分のほうが立場が上（なことが多い）で、なおかつ気の置けない存在である秘書の前では、本性が出てしまうのだろう。極めて合理的だと思った。

実のところ、僕も上司を長くやっていたわけだが、メンバーのどういうところを見ていたか、どういうところを見て引っ張り上げようとしていたのかというと、「360度」の行動だった。すぐ上の上司に対して、すぐ下の部下に対して、隣の部署や関わる人たちに対して、どんなふうにつき合っていたか、だ。

そうした360度の行動を見たとき、明らかにギャップが大きい人は難しい。「上司に覚えめでたくて、部下に嫌われている」というのは大いに問題である。

360度で評価しなければいけない。例えば、上司には一生懸命に仕事をしていることをアピールしても、下にはけっこうボロを出すのである。自分が上司になったときに、これは注意しなければならないと思った。

虫の目、鳥の目と複数の視点があれば、こういうことに気づけるのだけれど、なかなかそれができない。**自分という人間は職場の全員から見られ、全員に評価されている**のだ。

かつて所属した部署の仕事には、口をはさまない

職場で見られている、といえば、たくさんの部署を経験したからこそ、わかったことがある。それは、**かつて所属した部署の仕事には口をはさまない**ことだ。これは、サラリーマンの仁義のひとつだろう。

自分が過去に所属していた部門の仕事は、勝手知ったる仕事でもある。つい、いろいろなことに口を出したくなる。こういう人はたくさんいるが、遠慮しないといけない。たしかに、いろんなことはわかっているのかもしれないが、今は他部署の人間なのだ。

かつての部署に口を出すことは、言葉を換えれば、「ワーキング・クラス」の仕事の仕方なのである。「クリエイティブ・クラス」であれば、そんなことはしない。そもそも、今やるべきは、昔の職場に口をはさむことではない。**今、委ねられている新しい仕事に懸命に向かうことである。**ところが、いろんな職場を経験していると、こ

ういう現場に何度も遭遇した。

職場で重要なことといえば、もうひとつある。

それは、**優れたリーダーは、同時に優れたフォロワーでなければならない**ということ。**良いフォロワーのいないリーダーは、良いリーダーになるのは難しい**。だから、良いリーダーほど、良いフォロワーになることを知っている。

上司は、いつでもリーダーとしてチームを引っ張っていればいいわけではないのである。時と場合に応じて、良いフォロワーになったり、良いリーダーになったりと、立場を切り替えることができる人こそが、優れたリーダーといえる。

そして、こういうことができるリーダーには、**やがて良いフォロワーがついてくる**と僕は思っている。**リーダーはリーダーだけで存在することはできない**のだ。

また、**若くて良いフォロワーも、上司はきちんと認識する**。上司は部下が思っているよりも、部下のことを見ているものだ。

それこそ、みんなで意見を戦わせる機会はどの職場にもあるだろう。そういう場面でいい意見がいえることは、極めて大事なことだと思う。偉い人は、ちゃんと見て覚えているものなのだ。

誰に対しても、「知ったかぶり」はしない

人づき合いにおいて、たったひとつのルールがあるとすれば、「知ったかぶりをしない」に尽きると思う。

僕は42歳で大きな「リポジション」をして文系の世界から理系の世界に、オーディオ事業部長になるわけだが、それまでにも理系の人たちとはたくさんのつき合いがあった。そこには10歳以上、年上の技術者も含まれていた。

設計の現場に、技術者ではない人間が足を運ぶことはほとんどない。そこで僕は、そういう現場に行く機会があるときには、質問を考えて持って行った。「○○の仕組みについて、教えてほしい」。すると、相手もとても喜んでくれた。丁寧に教えてくれるのだ。

事業部長になって改めて思ったことだが、専門的な知識を持っている人に対して知ったかぶりをすることは、極めて危険なことである。

とはいえ、事業部のトップにいながら「知らない」と告白するのは勇気のいることだった。誰一人として知り合いがいない。しかも初めての文系出身の事業部長である。「どうしてこんな文系の人間に仕切られなきゃいけないんだ」という思いを、間違いなく技術者たちは持っていたと思う。

先にも書いたが僕はさまざまな場面で、試されることになった。

おそらく、彼らは僕の知識がどの程度のものなのかだけを試していたのではない。僕がどんな人間かを試していたのだ。そこで必要だったのが、**「知らないことを知らないという勇気」**だった。むしろ、妙な自慢やわけ知り顔はご法度である。

わからないことをわからないと素直にいうと、親切に教えてくれた。けなげな質問を繰り出したりすると、ますます一生懸命になって教えてくれた。結果、僕の力になってくれて、とてもいい関係を築くことができた。今もつながりが続いている人も少なくない。

知ったかぶりをしないということは、相手への敬意を示す行為でもある。

「教えてください」という態度で人に接することで、多くの人に助けられてきた。

知ったかぶりをしないのは、仕事だけではない。

大好きなワインにも通じるところがある。

ワインに詳しくて、何かといえば、うんちくを披露する人がいる。「これは××産で、××のぶどうを使っていて、ラベルの絵は……」。ワインに詳しいのはいいけれど、実のところ、聞いているほうは退屈だったりする。ところが本人は、周囲がそう思っていることに、まったく気づかないのである。

こんなことを店でやってしまったりすると、お店からとんでもなく高いワインを押しつけられたりするのである。お店からすれば、ワインにお詳しいのだから、下手なワインはおすすめできない、ということなのだろう。「いいお客様」だ。

本当にワインに詳しい人は、お店で講釈をたれたりしない。なぜなら、お店にはワイン選びのプロであるソムリエがいるからだ。**むしろワインに詳しい人ほど、プロの話を聞きたがる。**そして同席していると一緒になって、ソムリエの話を楽しんでいる。

僕はレストランで頼むときは、ソムリエと思われる人に、いつもこうお願いしている。

「あなたがおいしくて、コストパフォーマンスがいいと思うようなワインをお願いできますか」

謙虚な姿勢でお願いしてみると、びっくりするようなお値打ちのいいワインが出てきたりすることが多い。プロとして腕の鳴る注文なのだろう。嬉々としておすすめのお値打ちワインを持ってきてくれる。ワインも、知ったかぶりは危険なのである。

特に大事な話は「現場のキーマン」に

ただ、勘違いしないでほしいことがある。

知ったかぶりさえしなければ、「知らなくてもいい」というわけではない。

受け身な態度では、相手も教えてはくれないだろう。大事なことは、**知りたいという意欲を示すことである。**そして**実際に、自分でも勉強をすることである。**

僕自身、多くの部署を経験する中で、本を買いあさり、必死で勉強し、新しい知識を身につけた。リポジションを繰り返すことは、学び続けることでもある。

それこそまったくゴルフをやらない人が、ゴルフのスイングの話を聞いても、まったく意味がわからないだろう。ところが、たとえ下手でも、ちょっとでもゴルフをかじっていれば、スイングの話はまったく違う話として聞こえてくる。

同じように、技術の話も少しでもかじっておくだけで、技術者からのレクチャーはまるで変わってくるのだ。だから、できる限り勉強することである。そして、それを決してひけらかさないこと。これもまた、**「相手に対し尊敬の念を持って接する」**ということである。

秘書もまた、重要な社内人脈だった。かつての秘書たちとは、これまた今もつき合いがある。大事な仕事をたくさんしてもらった。

特に印象的なものといえば、社長就任時のメディアからの想定問答集づくりである。僕は突然、社長になった。当時は「14人抜きで社長に」などとメディアに書かれた。想定外の出来事を前に、メディアからの取材でどんな質問がくるのか、事前に準備をしておいたほうがいいだろうと考えた。

そこで、秘書に頼んで、図書館に行って、松下電器で僕と同じように若くして飛び級で社長になった人がどんな質問をメディアから受けたか、調べてリストをつくってもらったのである。

これが驚くべきことに、95パーセント、同じことを聞かれた。受験生だったらガッツポーズをするかもしれない。そのくらい、事前に準備した質問は当たっていた。おかげで、社長就任記者会見はじめ、メディアの厳しい質問にも、僕は想定内で対応することができた。

こういうことは、自分一人ではできない。客観的な視点を持った人につくってもらったから、できたことだった。

技術について知ったかぶりをすることはなかったけれど、マクロの視点で、その技術が将来どうなるかについては、僕は全体を俯瞰・分析し、時には辛辣なことを口にした。これは、技術者の持っている知識とは、異なる領域の話だからである。

切り口や視点を変えれば、**自分のほうが優れたアイデアや答えを持っていることもある。そこは臆することなく、口にしたほうがいいだろう。それこそがプロ同士の関係だと思う。**

もうひとつ、技術者とコミュニケーションを交わすときに気をつけていたのは、**特に大事な話は「現場のキーマン」にする**ということだ。キーマンとは誰かといえば、現場でリスペクトされているエンジニアである。これは、**必ずしも肩書きやポジションとは一致しない。**

だが、現場でリスペクトされているエンジニアは、それとなくわかるものだ。周囲のエンジニアの雰囲気でわかるし、何よりトラブルのときに真っ先にやってくる。だから、このキーマンに聞けばいいのである。

こういうキーマンこそ、困ったときに相談ができる相手。匠のような専門知識を持った人材であることが多い。こういう人に助けをもらうことは極めて重要である。

多くの理系出身のエンジニアとつき合ってみて、面白いことに気がついた。

一口にエンジニアといっても、エレクトロニクス系、機械系、素材系、光系など、細かな系統ごとにまったく違う人たちだということである。

それこそ、酒の飲み方から、麻雀のやり方まで違う。僕は名前を覚える代わりに、特徴で技術者を覚えているようなところがあった。そのくらい個性的な人が多かった。

また、社内で評判の良くない人もいたりしたのだが、会ってみたらまったくそんなことはなかった、というケースも多かった。それこそ、人間関係でいえば、文系のほうがよほど複雑で難しい。文系の感覚で見ると、まったくいい人が多かったのである。

それは、僕の思考と技術者の思考が似ていたことも大きいと思う。先の話ではないが、エモーショナルよりもロジカルなのである。論の通った話、筋道の通った話は、しっかり理解してくれる。合理的な意思決定にも理解を示してくれる。

彼らの特徴を理解してつき合うと、文系の人間とはまた違う深みがあって、これもまた大きな魅力だった。

求められるまで、トップとは仕事の話はしない

企業の海外駐在員は、極めてリスキーなポジションだと僕は思っている。それこそ本社にいれば、数千人、数百人の社員の一人だから、それほど目立つことはない。しかし、いざ海外駐在員になれば、経営陣とダイレクトでコミュニケーションをする機会がぐっと増える。そのときに、何かおかしなことでも起きれば、「こいつは大丈夫か」というレッテルを貼られてしまう。失敗や間違いが、致命傷になる可能性があるのだ。逆に、「こいつは見所がある」と思ってもらえれば、大きなチャンスにつながる。

あの海外駐在がなければ……という人は実際に少なくない。トップが何度もその地を訪れる機会があり、顔を覚えてもらったり、声をかけてもらったりしたのだと思う。

例えば盛田さんも、フランス駐在時代に出会った。しょっちゅうパリに来ていたの

で、そのたびに出迎えやら何やらで、コミュニケーションを交わすことになった。

面白いのは、僕は盛田さんと趣味の世界で、すっかり仲良くなってしまったことである。そして日本に戻って以降、驚くべきことかもしれないが、僕は盛田さんとよく一緒に遊ぶようになった。テニスをしたり、ゴルフをしたり、映画を見に行ったり。完全に、会社を離れての個人的おつき合いである。マンガ『釣りバカ日誌』の世界だ。

盛田さん自身も、僕を遊び相手としか思っていなかったと思うし、実のところ、僕もそうだった。テニスをやらないか、ゴルフをやらないか、と電話がかかってきたり、とお誘いを受けたり。それこそしょっちゅう遊んでいた。ご自宅にもよくお邪魔していたし、ご飯もよく食べた。

すぐそばにいる上司とは、事あるごとにぶつかっていた僕だったが、ポジションがあまりに離れているとそういうことがなかった。僕も気楽につき合えたし、もしかしたら盛田さんもそうだったのかもしれない。仕事でまったく関わることがない部下だからこそ、本当に年の離れた友達みたいにしてつき合えたのだろう。

考えてみれば、とんでもなく偉い人だ。どうしても身構えてしまう。ところが、まったくそういう意識をしなかった僕は、稀有《けう》な存在だったのかもしれない。

どうして意識をしなかったのかというと、肩書きや立場というフィルターをはずして見れば、普通の人だと思ったから。偉い人に取り入ろう、何かしてもらおう、などと肩に余計な力が入ることもまったくなかったから。僕自身、「盛田さんのそばにずっと置いてほしい」などといわなかったし、そんなことは思ってもみなかった。相手の人間性をそのまま見て、相手が対等な関係を望むのであれば、そのとおりにつき合う。**フラットなつき合いの場では、フラットにすればいい**のである。

さらには、**仕事の話も一切しなかった**。

それこそ、「今、部署ではこんな問題を抱えているんです」などということは、決していわない。偉い人を前にすると、何か仕事の話をしなければ、と思ってしまうかもしれないが、そんなことはない。それこそ、それなりに仕事ができるようになるには、時間がかかる。**何も成し遂げていないうちに、トップに自分を売り込んでも意味がない。相手が求めていないことを、あえてする必要などない**のである。

そんなふうに接していると、「今度、ソニーの将来を考えるブレストをやる。出井くんはちょっと変わったことをいうから面白いので、一緒に参加しなさい」と呼ばれたりしたこともあった。

偉い人に限らず、誰に対しても、いつもフラットでいることは、人づき合いにおいて大事なことである。

雲の上の人ほど、若者と関わりたいと思っている

社内にかかわらず、年上の人とのつき合いは、そうはいっても緊張するだろう。だが心配は無用だ。年上の人、とりわけ**雲の上の存在のような人ほど、若い人と関わりたいと思っているものだ。**

あるとき、車で移動していて、盛田さんが、こんなことをいわれていた。

「例えば、誰かが異動したり、転勤したりするだろう。そうすると、『いやあ、私はこの仕事はあまりよくわかりませんで……』とかなんとか、よくいうじゃないか。そんなのは言い訳だ。そんな人間の部下になった社員は、〝素人上司〟に来てほしくないと思っている。だから、もう10年もいるようなフリをして過ごしたらいいんだよ」

これには僕も、なるほど、と思った。こんなふうに、盛田さんからは雑談がてら、たくさんのことを教わった。

あるとき、「スピーチをチェックしてほしい」と盛田さんにいわれた。すると、あることに気がついたのだ。

盛田さんは、いざ本番になると、スピーチ原稿を読まないのである。僕が知る限り、原稿を手にしていたことは一度もなかったと思う。それで僕は「どうして原稿を読まないのですか」と、聞いてみた。

「簡単だよ。誰かを口説くときに、原稿読んで口説く人はいるか？」

これには、本当に驚いた。たしかに、そのとおりだと思った。口説かれる相手は、ペーパーをチラチラ見られていては、興ざめもいいところである。しかし、それは講演の聴衆にとっても同じなのだ。

聴衆の心を打つスピーチをしようと思ったら、原稿なんて見てはいけない。本当にそうだと思った。実際、盛田さんはスピーチも英語も、とびきりうまかったわけではない。でも、いつも聴衆の心をつかんでいた。それは実に見事だった。

今も親しくさせていただいている人に、指揮者の小澤征爾《おざわせいじ》さんがいる。彼は、成城学園の先輩だが、小澤さんの姿勢に本当に共感するところがあるのは、**若い人に自分の知識を伝えていきたい、という気持ちがとにかく強い**ことだ。だから、年齢を重ね、病気を経ても、今なお世界を巡っている。

経営トップを務めた立場も含めて僕からもいわせていただくと、「なんとか自分の持っているものを若い人に伝えたい」という気持ちは、誰しも強烈に持っている。**若い人からすると、超偉い人たちというのは、遠い存在かもしれないが、そういう人たちこそ、実はもっと若い人と関わりたいと思っているのである。**いろんなことを教えたいのだ。もしかすると盛田さんと僕がそうだったように、遊び友達を社内に求めている人もいるかもしれない。

だから、あまり緊張しないことである。肩ひじ張ってつき合うことはないのだ。

それこそ、「おじいさんよりも、自分のほうがうまいところもあるぞ」と優越感を持って対峙してもいい。その人の弱みを見つけてしまおうとするのもいい。むしろ、そういう**血気盛んな若者こそ、偉い人は求めている**のではないかと思う。

そして、同世代や直属の上司とは、まったく違う視点から、物事が学べる。これは、自らの人生の舵取りに、もちろん「リポジション」にも大いに役立つことは言うまでもない。

ちなみに、つき合わないほうがいい人たちもいる。典型は、権威主義の人たちである。「オレのことは役職付きで呼んでくれ」などという人たちとは、つき合う必要などない。それこそフラットな関係を築ける大人とつき合えばいいのである。

会社は、イエスマンだけを求めているわけではない

会社員にとって、たしかに直属の上司は重要な存在だと思う。では、上司の側にすれば、ただ自分のいうことを素直に聞いてくれる部下がいい部下なのかといえば、決してそんなことはない。

ちょっと言葉は悪いけれど、組織の奴隷のような人には、実は上役は興味がない。むしろ、組織の中で、自主性をきちんと発揮している人に興味を持つ。

あるとき小説を読んでいると、こんなシーンが出てきた。同期が部下になってしまった上司がいて、彼が同期の部下にこんなことをいうのだ。

「お前とオレの違いは、『はいはい』といっていたか、リスクを取っていたかの差だよ」

実際に、会社というのは、これが現実ではないかと思う。

はいはい、といっているだけでは、評価はもらえない。意外にも、組織というのは

イエスマンだけを要求しているわけではないのだ。

これだけ変化の激しい時代には、上司の顔色ばかり見て、上司が右に行けといったら右に行くようなタイプの人材には、事業部も会社も託せない。そういう人ばかりの会社では、新しいアイデアが出てくるとは思えないから。やはり**会社の強さというのは、多様性の中から新しいものが生まれてくることにある。**

個が確立した人たちが集まり、その上で組織が動いていく組織でなければ、これからの時代は太刀打ちできないのだ。

それこそ、こういう「**自立した自由人**」たちが偉くなってくると、会社も大きく変わっていくと思う。「**会社が」ではなく、「私が」という話ができる人。**自分の関心事がきちんと語れる人、である。

もとより会社というのは、変革したくない人たちの集まりになりがちだ。部長クラスは、特に変えたくない人たちである。一方の経営陣は、次の時代のために何かを変えないといけないと思っている。

経営陣は「この10年こんなふうに変わっていきたい」というのだけれど、現場ではあくまでも現状を維持したいのだ。

つまり、ポジションによって、発想がずいぶん違うのである。今のことを維持したい人たちは、「自分はどうあっても生き残りたい」「自分の組織は何がなんでもつぶさせない」という考え方だ。

たしかに短期的に見れば、自分たちの環境は重要かもしれない。しかし、長期的に見たときには、どうなのか。**自分たちの環境は守れても、会社がつぶれてしまうような、本末転倒なことになりかねない。**

その意味で、どのくらい視点を高められるか、が重要になってくる。自分のため、自分の所属する組織のため、ではなく、**会社全体のため、業界のため、日本のため、という発想ができるかどうか。**

僕がいろいろな人とぶつかっていたのは、要するに、そういうことだったのだと思っている。ソニーという会社全体を見ていた僕と、自分たちの部門を見ていた人たちと。

正直なところ、僕自身は、自分の出世や将来にはまったくといっていいほど、関心がなかった。もし関心があったなら、上司に楯突いたりしなかっただろう。

僕がいつも思っていたのは、ソニーの未来であり、日本の未来だった。

実は今も、この考え方は変わっていない。日本の10年後、30年後のことを、一生懸命、さまざまな情報を集めて探っている。僕がいなくなった後の話である。

でも、こういう考え方を持っていると、上司には煙たがられる。とりわけ、ミドルマネジメントにとっては、邪魔な存在になる。

でも、どちらの考え方がこれから求められてくるのか。それを考えてみてほしいと思っている。そしてこういう考え方を持っていると、自分の居心地を悪くする「リポジション」なんて、本当に小さな話に思えてくるのである。

ポジティブに発想するだけで、人間関係は豊かになる

それこそ、もしビジネスだけの関係なら、「今、自分に利益を与えてくれる人か」ということでつき合ってしまうだろう。ビジネスが変わったら、人の縁も切れてしまう。これでは、長い人生、あまりにも寂しい。

仕事の関係は切れたけれど、その後いい友達になった人がいる。その人が何年も経ってから大きく成功したりすると、これは本当にうれしいものである。ビル・ゲイツしかり、スティーブ・ジョブズしかり。当時は今のような存在感はなかった。しかし、その頃から友達だったことに大きな意味がある。だから、彼らも大切にしてくれる(ジョブズは先に旅立ってしまったが)。

僕自身、最初からこんなふうに人とつき合ってきたわけではない。ソニーのフランス駐在の時代、ある年配のフランスの友人が、僕にこんなことをいってくれた。

「あなたと話をしていると、クレバーな人だというのはよくわかる。でも、どうしてあなたのモノの考え方というのは、そんなにネガティブなのか。もっとポジティブに発言してみてはどうだ。そうすれば、人間関係はもっと豊かになるよ」

はっとさせられる一言だった。

海外駐在で警戒心が高まっていたことも大きかったのかもしれない。最初から警戒してしまうと、それだけでハードルをつくってしまう。扉を閉めてしまうのだ。

もっとオープンに、ポジティブに相手の懐に入っていけばいい。それこそ「この人はどうせ仕事だけのつき合いだろう」とか「こんな偉い人は自分のことを相手にしてくれないだろう」とかではなく、「おお、この人と長くおつき合いしてみたいな」と、ごく自然に入っていくのだ。

フランス人の友人からの貴重なアドバイス以後、僕と周りの人たちとの関係性は一気に変わった。実にありがたいアドバイスだった。

人間は思い込みの生き物でもある。

きっとこうだ、とポジティブに考えたほうが、うまくいくのである。

だから僕は、**最初に人に会ったら、「いいところ」を見ることにしている。**いいところはどんなところだろう、と探っていく。

面白いもので、おつき合いが始まっていくと、自然と周囲の評判情報が耳に入ってきたりするようになる。ただ、これに一方的に加担することはしない。社会的にいろいろいわれていても、本人に会って「実際は違うな」と思うことも少なくない。あくまで自分の目と耳で判断したいと思っている。

逆に、評判情報が明らかに厳しく、注意を要するケースもある。イエローカードやレッドカードは、これまた自然と耳に入ってくるものだ。実際、危険人物もいるので、そういう人たちには注意するしかない。

先に述べたとおり、これは適度な距離を置きながら、冷静に相手をウォッチしていくのがいいだろう。

転職や起業、新しいビジネスの提案など、思わぬ人が「リポジション」の機会を提供してくれることもある。**ポジティブな姿勢で人間関係を築くことは、結果としていいリポジションにもつながる**といっても過言ではない。

それぞれの友人に「会うためのテーマ」を設定する

「ご友人が多そうな出井さんですが、全員と長く良い関係を続ける秘訣は何ですか？」と、よく質問される。

「友人が多いと、彼らとの交流で手いっぱいになりそうだ」とか「最初は仲良くしていても、やがて疎遠になるだろう」などといわれる。

たしかに、たくさんの人と友人関係を続けていくのは容易ではない。そこで僕が考えたのは、**それぞれの友人に「会うためのテーマ」を設定する**ことだった。

例えば、中小企業の社長の気持ちが知りたいなあと思えば「ゴルフ銀座会」に参加する。厚木勤務時代の「干された」頃に通っていたゴルフ場で知り合った人たちの会である。

折しも、非正規社員の増加が問題になっていて、僕はテレビでコメントを求められていたのだが、思い浮かんだのは、中小企業の視点で非正規社員を使うというのはどういうことか、非正規社員の増加についてどう思っているか、聞いてみたかったのである。これはありがたかった。

これ以外にも、日本酒が飲みたくなったときは、マネックスの松本大《まつもとおおき》さん。おいしいワインが飲みたいときは、檀《だん》ふみさんやトーセの齋藤茂《さいとうしげる》さん。30代のモデルの女性とは、お互いに愚痴を言い合う「グッチの会」をときどき開いている。経団連の仲間やゴルフの仲間、20代の男女など、たくさんの「会」がある。

ワインも経営課題もと、**すべての関心事を、同じ人と共有する必要などない**。そんなことをしてしまったら、人間関係に疲れてしまう。

適度な距離感を保つというのは、会う頻度だけでなく、相手との接点という意味においてもいえることだと思う。

もうひとつ、長く関係を続けるコツがある。それは、**相手が誰であっても、プライベートディナーでは「割り勘」を基本にすること**。

現役経営者もいれば、元経営者もいる。公私は分けてつき合わないと、お互い長く続かない。割り勘精神は、とても大事なことだと思う。

最近、女性の経営者や医師など5人と食事をして、割り勘を申し出たところ、全員のクレジットカードがずらりと集まったことがあった。私もウケたが、女性もみんなウケていた。こういう潔さが、素晴らしいと思った。

上にも下にも妙な気を遣わせないことも、自然体の関係を築く上で大事なポイントだ。

未来の話をすると、みんな子供になれる

ひと回り以上離れた若い人たちと積極的につき合うこと。

人づき合いはもちろん、リポジションを考える上でも、これは重要なことだ。

「今はまだ、自分は若手ですから……」という人は、年下の人との交流をないがしろにしていると思う。**30代のビジネスパーソンで、「積極的に20代とつき合っています」という人は、驚くほど少ない。**

僕は経営者時代から若い人と積極的に交流してきたが、ソニーを退いてからは、これまで以上に若い人とつき合うようにしてきた。

先にも書いたように、人生相談からビジネスに至るまで、男性も女性も、若い人とのつながりはますます深まっている。

人間の年齢には2つある。

物理的年齢と精神的年齢だ。

とりわけ**精神的年齢は、日頃つき合っている人間の年齢に比例していく**と僕は思っている。年寄りとばかりつき合っていたら、年寄りの発想になっていく。だが、若い人とつき合っていれば、いつまでも精神を若々しく保っていくことができる。どちらが人生、楽しいかといえば、僕は後者だと思っている。だから、若い人とつき合ったほうがいい。ソニー時代から、これを意識していた。

若い人とつき合えば、そのナレッジやノウハウにアクセスすることができる。若い人しか持っていない感覚や新しい情報に触れることができる。

そして何より、**未来について語ることができる。**

年寄りが集まって昔話をしたところで、得るものといえば、その場の笑いだけだ（もちろんそれが恋しいときもある）。


当たり前だが、若い人には未来がある。

未来の話をすると、みんな赤ちゃんになるのである。

なぜなら未来を知っている人はいないから。そう、**みんな等しく子供になれる**のだ。

過去を語っているのは、大人や年寄りだけである。

今、若い人と食事をしていると、最初は「出井伸之」という虚像と彼らは話している。僕の過去の実績を気にしているのだ。ところが、未来を話し始めると、瞬く間にその虚像は消える。お互いの経験を未来に向けて語ると、ほとんど同い年のような気分になってくる。そうなれば、一気にフラットな関係になり、わくわくする議論ができるようになる。

「こうなるかもしれない」ことはおぼろげながらいえるけど、「必ずこうなる」なんてことは誰にもいえない。**どんなに人生が経験豊富であっても、未来を断言することはできない。だから、面白いのである。**

僕が今、一番興味を持っているのは人工知能だが、まさにこの分野は未知で未来そのもの。だから、人工知能をめぐって若い人たちと話すと、みんな同年代で語れる。これが楽しい。

年を重ねていくことの怖さは、だんだんと「上から目線」になっていくことだと思う。自分は年上だ、年配者だ、重鎮である、だから話を聞きなさいという発想である。これをやると、もう下からの情報は入ってこなくなる。古い情報のままで、凝り固まるしかなくなるということである。

コミュニケーションは、上から下か、下から上か、横から横しかないが、若い人と未来を語れば、上から目線にならずに済む。横からか、あるいは下から上に聞くようなことも多い。これが楽しい。上からしか話さない人には、情報は一方通行になってしまうのだ。その意味では僕は、**縦でも横でもないポジション**を取るのが、うまいのかもしれない。

そして僕たち年配者は、若い人に大きな気づきを与えることができる。彼らは未来が長い。人生はまだまだ先があるのだ。あせる必要はない。だが、自分が若いときには、このことに気づいていない。だから、気づかせてあげることに意味がある。これこそ、年配者の役目だと思っている。

若手に「利用価値がある」と思われるのは大歓迎

若い人とうまくつき合うには、2つのコツがある。

ひとつは、**自分を年だと思わないこと**、そして**自分を買いかぶらないこと**だ。これらは、**年を重ねてから成長する人の共通点**といえるかもしれない。

例えば、大学に講演などに行くとき、基本的に「誰も僕のことなんて知らない」という前提で出向いて話をする。大学生が僕のことを知っているはずがない。だから、丁寧に自己紹介するところから始める。

ときどき「自分は知られた存在なのだ」という態度の人がいる。それこそ、講演のプロフィールをちゃんと読み込んでくれていたり、会う前には情報収集してくれていたりすると思い込んでいる人もいる。しかし、それは間違いだと僕は思う。そんな尊大な態度では、若い人は心を開いてくれるわけがない。

また、「どうせ若い人は、自分のことを利用しようとしているんじゃないか」と警戒する人がいる。なぜ警戒するのだろう。利用するのは、むしろ当たり前のことだと思う。「こいつは利用価値があるか」と、相手は当然、考えると思うのだ。だったら大いに利用してもらえばいい。

自分という人間を、若い人たちが「利用価値がある」と評価している。これほどありがたいことはない。

ただし、必要以上にとことん利用させよう、などとも考えなくていい。1つか2つ、果たしてあげればいいのだ。

誰かを紹介してあげたり、キーパーソンを教えてあげたり。これで信頼関係はひとまず築ける。そのくらいであれば、まったく難しいことではないと思う。だから、積極的にしてあげたらいい。

ただし、金の無心など違う意味で利用しようとする人ならば、距離を置いたほうがいい。「この人は利用価値がある人だ」と「この人を利用してやろう」は似て非なりだ。おだてられて気持ちよくなってはいけない。冷静に**自分という人間の、現在の価値を見極める**ことも大事だ。

そしてもうひとつ付け加えるとすれば、自分が知らないところで妙な口出しをしない、ということである。例えば、大企業にいながら、ベンチャーを目指している若い人に簡単に「起業しろ」だの「起業はやめろ」だのもの申すこと。こんなことは考えるべきではない。するとしても、慎重に、謙虚にするべきだろう。

それこそ、大企業は本当に恵まれている。そこに気づけていなかったことは、僕自身も反省している。だから大企業の経営者は、けっこう長いスパンのことを考えられるのだ。

ところが、これは自分で独立して会社をつくってわかったことだったが、ベンチャーはそんな悠長なことはいっていられないのである。短期でやらなければいけないことが、山のようにあるのだ。周囲の会社に対する見方も変わる。銀行がどういうところなのかも、大企業にいるときと異なる認識を持たないといけない。これは、本当にショックだった。

こうした経験から、大企業の人間がベンチャーの人間にアドバイスするときは慎重になるべきだと感じたのだ。

ただ、結果的に良かったと思うのは、**自分で体験して、多少なりとも修羅場をくぐっているからこそ、話せることがあるということ。**大企業のトップのままでは、わかりっこないことが、山のようにあった。独立して、本当に良かったと思った。

僕はおかげで思い切り目線を下げ、視野を広げることができるようになった。

それこそ当初、オフィスは丸の内に構えていたが、それがいかに贅沢なことだったかも後で気づいた。親しい弁護士に、「どうしてこんなに家賃が高い場所にいるのか」と聞かれて、最初はピンとこなかったのだが、だんだんわかるようになっていった。今は違う場所にオフィスを構えている。

こんなふうに、ショックな経験をしながらも、リポジションをしたことで見えてきた世界があり、新しい人とのつながりも得られた。名誉や肩書きよりも、得たものは大きいと感じている。

会議でも、飲み会でも、上司は一足先に抜ける

では、若い人たちとどう接すればいいのか。

基本的に愚痴を聞いてあげることだと思っている。

若い人の聞き役に徹することだ。

そうすることで、業界の情報や会社の情報、いろんな情報を手に入れることもできる。**的確な答えが出せなくてもいい。聞いてあげればいいのだ。**それだけでも、若い人はずいぶんと頭も心も整理できる。

少しずつ親しくなっていったら、肝心なことを伝えたほうがいい。とりわけビジネスに関わる場合は臆することなどない、本当に困ったときには相談にきなさい、その代わり何でも相談をしてはいけない、と。

育つビジネスパーソン、育つベンチャーは、手がかからない。

これが僕の持論である。ワーワーワーワーいっていると、いつまで経っても成長できない。ある程度、突き放さないといけない。

また、これは男性でも女性でもそうだが、外面ばかり気にしている人にはまったく興味がない。これは男性のほうがより顕著かもしれない。例えばバーで酒を飲むとき、びっくりするような高い酒を注文する人がいるが、僕には意味がわからない。そういう見栄っ張りな人で、最後までうまくいった人はほとんどいないと思う。

先に書いたが、節度は保ってもらわないといけない。

あまりにはしゃぎすぎて、ＳＮＳなどで羽目を外した投稿をされても困る。そういうときは、「親しき仲にも礼儀ありですよ」と釘を刺すメールを送る。たいていの人は気づいてくれる。それで気づいてくれなかったら、その先のつながりは難しい。

一方で、会社員時代から、若い人たちとうまくつき合うための習慣をつくっておくことは重要なことだと思う。

例えば、会議でも、飲み会でも、上司は一足先に抜ける。上司としての僕がいないほうが、本音の話ができるからだ。

だから今でも、**僕は一足先に抜ける習慣**がついている。二次会にも行かない。積極的に一次会の途中で抜ける。**「場を温めること」こそ、上の仕事なのである。**

これはソニー時代に鍛えられたことでもあった。むしろ上司が抜けたほうが、話が早くなる。いろんな調整を部下同士でして、整理しておいてくれるのだ。僕自身が部下だったとき、それは感じていたことだった。**上司がいないほうがうまくいくことがたくさんある、**と感じていたのだ。

先に抜けると、自分の悪口をいわれるんじゃないかと気にする上司もいるが、その態度こそが、悪口の対象である。悪口があるなら、いわせておけばいい。それよりも最後まで威張り続けて、自分の昔話や説教をして居座り続けるほうがよっぽど迷惑な存在である。

そうやって部下のことが気遣える上司なら、会社を離れてからも部下が慕ってくれると思う。その、ひとつの訓練になる。

意識し過ぎず、近づき過ぎず。いい距離感を保つ

人づき合いで大切なのは、**距離をあまりに縮め過ぎない**ことだ。つかず離れず、くらいの感覚を心がける。その意味では、あまり**同じ人たちと頻繁に会わないほうがいい**。少し間を空けるくらいがちょうどいい。

そして、**相手の仕事がうまくいっているときには、そっとしておく。逆に、ピンチに陥ったら、一歩前に出て近づいていく。**人づき合いも、相手目線で動けばいい。

著名になったり、売れっ子になったり、みんながワイワイ集まっているときに、わざわざ近づくことはない。逆に、苦しいだろうな、というときにこそ声をかける。

坂本《さかもと》龍一《りゅういち》さんは僕がソニーの会長を退いたとき、1通のメールを送ってくれた。「僕たちは一生の友達だ」と。これはうれしかった。

人間はずっとうまくいくわけではない。山もあり谷もある。どんなときも、同じ距

離を保ってつき合うことができるかどうか。それが、友人としては、とても大切なことだと思っている。

実際、急に近づいてくる人が増えるときもあれば、さっと引いていく時期もある。そういうときにこそ、相手がどういう目的で自分とつき合ってくれているかがわかったりする。そう思うと、**自分がつらいとき、苦しいときこそ、素晴らしい友人に出会える**ともいえる。

ちなみに、長くつき合っている人とのコンタクトが急に途絶えたら、気をつけてほしい。突如、コンタクトが途絶える理由は2つある。

ものすごく忙しくて夢中になって仕事をしているとき。「無沙汰は無事の便り」という言葉もあるが、このときは安心して距離をおけばいい。だが、相手が本当にダメな状態のときには気をつけたい。どん底にいるときには、そっとしておいたほうがいいこともある。**少し上向きそうになったら、声をかければいい**。

それこそ、「一試合終えて、お帰りなさい」という雰囲気をつくり、自然に受け入れればいい。

何かあったとしても、何もなかったかのように、気軽に戻ってこられる「場所」がある。そういう関係は、とてもいい関係だと思う。

column
「ベンチャーに信用を与える」という役割

自分の会社をつくったとき、やっていきたいことの柱のひとつがベンチャーサポートだった。日本の未来を考えたとき、当然ベンチャーは必要だと思ったからだ。

僕は日本でベンチャーが育たないのは、信用の問題だと思っていた。だから、ソニーにいる頃、マネックス証券をつくろうとしていた松本大さんに投資することを決めた。結果的にソニーという信用も手伝って、マネックスは大きく成長し、ソニーも利益を得た。

こんなふうにベンチャーに信用を提供する役割ができないか、と考えて、クオンタムリープで始めたのが、**「鯉のぼりの会」**だった。

かつてハワイに行ったとき、新潟県の山古志村の鯉が売られていた。1000匹の小さな鯉が桶の中にぎっしり入っていて、世話をしていた日系アメリカ人からこういわれた。

「出井さん、どれに投資しますか?」

「どれに投資するっていったって、どういうのが育つの?」

僕は思わずこう返したら、彼にいわれた。

「育つんじゃないんですよ、育てるんですよ」

彼らはそうやって良さそうな鯉を選び、育て上げると展示会に出していた。賞を取ると、写真を撮って、世界に向けてネットでオークションをする。鯉の入った桶の中からは、３匹ほどしか育たないということだった。

それを聞いて、僕はまさに「鯉のぼり」だと思った。こういうことを日本のベンチャー企業でやってみようと思ったのだ。

鯉は玉石混淆。例えばマネックスのように、ソニーの中にポンと放り込んでみたら、泳げるかどうかは見分けられる。しかし、ソニーのような存在がなければ、泳げるかどうかもわからず、生意気盛りのままで終わってしまうかもしれない。

実際、ベンチャーの中には金儲けが主な目的で、ちょっと成功したら銀座で豪遊しているような起業家も少なくなかった。

日本を変えてやる。産業を変えてやる、といった志を持って本気でベンチャーをやっている起業家は多くないなと感じていた。

だからこそ、**本気のベンチャーを見つけて、きちんと育てたい**と思ったのである。この思いは、今も変わっていない。

第5章

「3つの時間」を確保しよう

──人生を豊かにする「時間」のつくり方

強制的に「一人になる時間」をつくる

日本のビジネスパーソンに圧倒的に足りないもの。

それは、**一人になってじっくり考える時間**ではないかと思っている。

特に家庭を持っている人、どのくらいの人が定期的に一人になれる時間を持っているだろうか。それを意識しておかないと、結局、会社で過ごす時間と、家族で過ごす時間の2つだけで人生が終わってしまう。一人になって、いろんなことを考える時間はつくれない。「リポジションン」のような、**大事な決断を考える時間もなくなってしまうの**だ。

僕はこうした一人になれる時間を「**第三の時間**」と呼んでいる。

第一の時間は仕事。第二の時間は家庭。ときどき、これ以外に飲み屋で過ごすという時間を長く取っている人もいるが、それも一人で考える時間にはならない。だから「第三の時間」は意識してつくらないといけない。

ソニー時代から、意識的に「第三の時間」をつくるようにしてきた。

数時間まったくの一人になれる時間をつくれるよう、一人で旅にもよく出た。父親から引き継いだ軽井沢の別荘に週末ごとに行っていた時期もあるし、思い切って土曜と日曜だけ沖縄の海に潜りに行ったこともある。宮古島の美しい海の中で魚と対話していると、社長業の大変さもしばし忘れられた。

社長の仕事は本当に忙しい。会社では、常に誰かがそばにいる。家に帰ったら、家族がいる。こうなると、自分の時間は皆無に等しい。一人になる時間は、強制的につくらないと1秒たりともつくれないということを痛感した。

ところが、強制的に「第三の時間」をつくっている人は極めて少ない。これはとても残念なことだし、もったいないことだと思う。

それこそスターバックスの窓際に座って、コーヒーを飲みながら外を眺めるのでもいいと思う。僕もときどきこれをやる。そしてぼんやりと、いろんなことを考えるのだ。

文系でたくさんライバルがいてどうするか、ソニーを退いた後どうするか、こんな具合でぼんやりとさきのことを「第三の時間」に考えていた。その意味では、**僕の人生を変えた「リポジション」は第三の時間がつくってくれた、ともいえる。**

一人で旅に出るなんて、とんでもない。そんな思い切ったことはできない、と思う人もいるかもしれないが、実はけっこう多くの人たちが実践している。

配偶者が許してくれない、という人も、そういうクセをつけてしまえば問題はない。これも**一人になる訓練**と思って取り組まないといけない。一人の時間は、自分で獲得するしかないのだ。出張などと組み合わせてもいいかもしれない。朝、早めに出発して、こだまでゆっくり電車に揺られながら考えてみる。限られた時間の中でも、工夫はいくらでもできる。

先に「二次会には行かない」と書いたが、それは部下のためだけではない。家に早く帰れば、一人の時間を獲得できるというのも理由である。

僕は音楽を聴きながら本を読んだり、考えごとをしたりするのが大好きなので、その時間を少しでも手に入れたいのである。

一人で過ごす時間の大切さは、もしかすると味わった人にしかわからないかもしれない。ならば、まずは一度、やってみてほしいと思う。いろんなことを考えてみる。これまで手に入れた情報を整理してみる。未来に思いを巡らせてみる。第三の時間のよさは、だんだんわかっていくと思う。

　自分の時間は、放っておくとどんどんないがしろにされていく。一番後回しにされてしまう。しかし、**自分の時間をどう使うかということで、その人の価値は決まっていくのかもしれない。**そのくらいに僕は思っている。長期的に考えてみたらなおさらに、である。

将来、興味を持ちそうな本を買っておく

考えることと同じくらい、情報収集することも大事だ。

一人で過ごす時間の使い方として、**書店に足を運ぶこと**もおすすめである。

僕は、仕事の配属が変わるごとに本を買いに行き、その本の著者に直接、会いに行って話を聞いていた。

「ソニーで○○の仕事をしている出井と申します。○○について先生の著書を読み、○○について大変勉強になりました。より○○について詳しくお伺いしたいと思い、筆をとりました」

一介のサラリーマンである僕に、本の著者は喜んで会ってくれた。読者からのこういう手紙は案外うれしいものなのだ。一般社員時代から、こんなふうに著者に直接会って、さまざまなことを教えてもらった。

これはまさに、本を読むことを通じて、情報を収集するスタイルである。

実のところ、これは普段の僕のやり方ではない。

いつもは、「必要な本を買いに」ではなく、「欲しい本を買いに」書店に行く。

これが出井伸之流・書店の使い方である。

昔から、書店に行くのは大好きだった。経済学者だった父に、よく日本橋の丸善に本を買いに行かされていたこともあり、昔から書店はなじみのある場所だった。

若い会社員時代から、時間があれば書店に行っていた。

ノートやメモと同じく、行きつけの書店も複数ある。

今であれば、丸の内の丸善、虎ノ門の政府刊行物センター、青山ブックセンター、代官山蔦屋書店などなど。それぞれ、ビジネス書を中心に何でもある大きな書店、統計関係のものがたくさんある書店、デザイン関係やクリエイティブ関係のものが多い書店、面白い本が集められている書店といった具合。そのときの気分によって、ふらりと訪れるのである。

そして30分から40分程度、平積みも含めてぱーっと店内を見てまわる。そして、「将来、興味を持ちそうなもの」をどんどん買っていくのである。

本は1万円も出せば、それなりの冊数を買える。こうやって**気になる本を買っておいて、家に積んでおく。これだけである。**

「読まないのですか？」と聞かれるが、読まずに「積ん読」することが多い。これでいい。これこそが出井流である。

不思議なもので、しばらく経ってから、例えばスピーチの内容を考えていたりすると、見つけた本のことがパッと浮かんだりする。それで、積んだ本の中から、それについて書かれた本を見つけて、スピーチの参考にするのだ。

今、必要な本を買うのではなく、「これから必要になるであろう」本を買う。ニーズを先取りしてしまうのだ。

それこそ、何かの目的で本を1冊買うというのは、パチンコ玉を1つだけ持ってパチンコ屋に行くようなものだと僕は思っている。1個では戦えないのだ。そうではなくて、たくさん持っておかないといけない。しかも、**早く準備しておく**のだ。

だから、大きな書店で何かのキーワードがひらめいたら、そのコーナーで関連本をチェックして、どっさり買うこともある。本は無理に全部、読むことはない。

書かれた年度を見て、目次を見れば、どんな内容が書いてあるのかを理解できる。

しかも、一番書きたいことは最初に書かれていることが多いので、まずは冒頭をチェックする。それで、全部読むべき本かどうかを決めればいい。

これは父に教わった本の読み方である。「著者が本当にいいたいことは、行間にある、だから行間を読め」ということだ。そんなバカなことがあるか、とずっと思っていたのだが、だんだん年を取ってくると、たしかにそうだと思えるようになった。

「著者の脳の中身の100分の1も書いていない」と語っていた人がいた。まさに僕もそう思う。すべては書き尽くせていないのだ。だから、それを読者は想像しながら読まないといけない。まるで俳句みたいなものである。

知識がコンデンスされて、その解釈の仕方は読み手の能力が問われる。だから、深読みしていかなければ、本当は面白くない。自分の想像力もかき立てられない。もしかしたら面白くない本というのは、読み手に問題があるかもしれないのである。

街中の書店を、自分の書棚だと思えばいい

電子書籍が普及しているが、今のところ僕は使っていない。コンピュータの中に閉じ込められてしまったら、きっかけを見つけて取り出す、といったことができなくなるからである。

大事なことは、興味を先取りしておくことなのだ。だから、読まない本でもいいから買っておくことが大事になる。

その意味では、**書店の本棚を眺めるのは、僕の趣味のひとつになっている。**東京の主だった書店が、どんなふうに構成されているか、僕にはだいたい頭に入っている。こういう本はどういうところにあるか。頭の中に、東京じゅうの書店の本棚が入っているのである。

これは極めて重要なことだと思っている。そこから面白そうな書店や面白そうな棚

を見つけていくことが、大いなる楽しみになっている。

それこそすべてを自分の本棚に入れて、常にメンテナンスをしていくのは大変である。しかし、ビジネス系ならあそこに行こう、趣味の本ならあの書店、ちょっと変わった本ならこの書店と足を運べばいい。

自分の書棚を「リポジション」させるのは難しいが、いつもと違う書店に行くことは、誰でもできる。

このように、あちこちの書店を、あたかも自分の書斎や書棚のように使えばいいのだ。こう考えると、お小遣いで買える本には限りがある、我が家は狭くて書斎など持てない、などと悩む必要はなくなる。

最近、使用頻度が高いのは、代官山の蔦屋書店である。趣味などに関する書籍がジャンルを超えて並べられていて、意外な1冊に出合える。さらに素晴らしいのは本を手にとって、ゆっくり座って読めてしまうことである。それこそ、はじめと終わりだけざっくりと読ませてもらうこともある。これだけでも、ずいぶん刺激になる。

人生も、会社も生命体である。ところが、そこで生きている人間は、ごくごく狭いエリアでしか動いていない。おのずと考え方や価値観も狭まっていく。これでは、なかなか面白い「化学変化」は起きない。

そうではなくて、さらに広いステージに出て行ったほうがいい。それを手助けしてくれるのが、本である。なのに、その本が自分の今の興味関心や家の中にある小さな書棚の世界にとどまってしまっていては、まったく広がっていかないのだ。それは実にもったいないことである。

大きな書店を自分の書棚として考えてしまえばいい。そう考えただけで、視野は大きく広がっていく。書店にもっと頻繁に足を運びたくなる。

ちなみに読むのは経済書やビジネス書だけではない。フィクションもよく読む。特に好きなのは、SFや推理小説。子供の頃から、シャーロック・ホームズは大好きだった。今もSFや推理小説を読んでは、仮説力を刺激してもらっている。

振り返ってみると、父の影響だったり、推理小説だったり、子供の頃の読書体験は極めて重要だと改めて思う。読書ではないが、グーグルの創業メンバーは映画『2001年宇宙の旅』にインスパイアされたと聞いたことがあるが、おそらく今、人工知能をやっている人たちは、多かれ少なかれ鉄腕アトムに刺激された人なのではないだろうか。

大人も本を読まないといけないが、子供にも本を読ませる努力をしたい。

趣味は、ただ単に楽しみを与えてくれるだけのものではない

第三の時間と同じくらい大切なものがある。

それは、**趣味の時間**だ。

趣味は、ただ単に楽しみを与えてくれるだけのものではないと僕は思っている。五感を刺激し、直感力を磨き、自分の方向性を示唆してくれるものだとも思う。これには実体験がある。

僕は幼い頃、バイオリンを習っていた。

成城学園の先輩である小澤征爾さんと一緒に演奏をしたこともあって、「あなたは真面目な、いいバイオリニストだった」といってもらったことがあったが、僕にはバイオリンの才能はないと自覚していた。手も小さかったし、これ以上はうまくなれないと思ったのだ。

ただ、バイオリンをやっていたおかげで、聴く耳は備えられたと思っている。この後、僕はオーディオに傾倒することになる。スピーカーを自分で設計して、つくってしまったりしたのは、この影響もあったと思うのだ。

結局のところ、弾く才能と聴く才能は別なのではないかと思った。これが結果的に、**バイオリンをやってみたおかげで、聴く才能に気づくことができた**のだ。オーディオ事業部長就任へとつながっていくことになったのである。

実際、オーディオ事業部長になったとき、「音楽が聞こえる」ではなくて、「音が聞こえる」といっていた。これには、技術者も面白がってくれた。ただ、興味深いのは、オーディオ事業部を離れたら、また音楽が聞こえるようになったことである。

僕は音楽が好きだから、倍音の概念も持っていた。音にどれだけ倍音があるか、わかっていたのだ。だからCDをスタートするときに、実はもめた。CDは、高音域をある程度のところで切ってしまっている。だから、倍音が聞こえない。バイオリニストにしてみると、「あれ、聞こえないぞ」ということになるのである。

そんな思いがあったので、僕は後にスーパーオーディオCDというものをつくった。

これは、違いのわかる人には本当に刺さったようである。今、ブームになっている高音質オーディオのハイレゾの原形のようなもの、と考えてもらえばいい。あるとき、若い男性に寄ってこられて、「出井さんですよね。スーパーオーディオCDをつくられた人ですよね。あれは素晴らしい」といってもらったことがある。そういうことも、趣味に始まり、興味につながって出てきたことだった。

趣味のいいところは、素人の発想とユーザーの発想ができることである。また、好きなことだからクリエイティビティも発揮できる。

だから趣味はどんどん持ったほうがいいと思う。

僕には仕事以外の趣味がたくさんあって、だからEXILEのHIROさんに興味が持てたり、X JAPANのYOSHIKIさんと一緒に旅行できたりしているのだと思っている。誰にでも合わせられてしまうような幅の広さも、趣味がつくってくれている。

趣味は、今すぐに、誰でも、見つけることができる。それこそ何歳から始めてもいい。

僕自身、今年になって始めた趣味がある。「書」だ。月に2回、アメリカ大使館の中のカルチャールームで、若いビジネスパーソンや外国人と一緒に、書を楽しんでいる。上手か下手かは気にせず、思うがまま筆を走らせ、時には全身を使って大きな紙に文字を書くことも。

趣味は、評価の世界とは違うところに身を置き、ただ目の前のことに没頭し、やることと自体に喜びを見いだせる点も魅力だ。ビジネスパーソンが趣味を持つことは、**違う価値観を持つ**という意味でも、おすすめしたい。

年齢とともに、趣味もリポジションさせる

「年を取ってきたら、そんなに数字にこだわるな」

これは、ソニー創業者の盛田昭夫さんに教わった言葉だ。

年を取ってまで、数で競うことに躍起になるな、**歳を重ねたのなら、違う「ものさし」を持て**ということである。

僕自身、はっとさせられた言葉だった。もちろん、会社の「経営数字」の話は別である。だが、会社を退いた後も自身の数字的なことばかりにこだわっているのはどうだろう。次世代へ何かを継承する、社会へ貢献する。新たな「ものさし」に持ち替えてもいいだろう。**いつまでも目先の数字を追うのでは、人生は楽しめなくなっていく。**

実際、盛田さんの「ものさし」は、趣味のスポーツにおいても変化していった。若い頃は勝敗や数字を争うゴルフやテニスを好んでいたが、だんだんとスキーやダイビ

ングなど、人と競わないものに向かっていった。比較や競争ではなく、大自然の中で純粋に楽しむスポーツへとシフトしていったのかもしれない。

老後の楽しみというのは、点取り合戦のいわゆる「数字ゲーム」ではない。

いい年になって、ゴルフのスコアをいつまでも追いかけて「アイツよりスコアが良かった」などと自慢したり、投資に熱心になってカネ、カネとなってしまったり、というのは、あまり格好のいいことではない。少年の心を持って夢中になることはいいことだけれど、成熟した大人の楽しみも知っていて損はない。

それこそもっと歴史を勉強したり、俳句を勉強したり、数字や勝ち負けに関わらないことをやったほうがいい。「そのほうが年を取ったら心が豊かになるよ」というのが、盛田さんからのアドバイスだったのだと僕は思っている。

それもあって、僕も年を取ってから、**趣味も「リポジション」していった。**

大好きなゴルフはやめることはなかったが、今ではスコアはほとんど気にしない。誰かと競うことよりも、自身の飛距離にこだわる。もう少し厳密にいえば、印象的なショットにこだわる、といってもいい。記録に残るよりも、記憶に残るゴルフをしたいと思うようになった。

人生でいいアドバイザーを持ったことは、とてもありがたいことだったと思う。

趣味に関することといえば、もうひとつ、**身なりに気をつける**ことである。

年を重ね、身なりがだらしないと、人間まで枯れているように思われてしまう可能性がある。会社のカジュアルデーで着ていくのはゴルフウェアしかない、というのでは、やっぱり寂しい。

ヨーロッパ時代に学んだのは、「国ごとに好きなファッションや色は大きく異なる」ことだった。ドイツ人とイギリス人でも違うし、ベルギーやイタリア、フランスでも違う。これは、驚きだった。

そして、みんなお洒落である。胸にポケットのついたシャツは実はフランス人から見れば、ドレスシャツには入らない。僕は日本で買ってきたシャツを普通に着ていたら、「どうして胸ポケットがあるシャツなんて着ているのか」と指摘されてしまった。胸ポケットがあるのは、カジュアルシャツなのだ。ズボンの太さやタックの入れ方などにも、それぞれにいろいろな意味がある。

洋服というのは、それだけ奥が深いのだということ。また、それだけ洋服にみんな気を遣っている、ということである。なぜならそれが、**人となりを表すツールのひとつ**だと知っているから。

スーツは銀座の高橋洋服店でつくっている。そういえば、高級料亭での会食にタートルネックを着て行ってしまい、「あなたは当店にタートルネックでやってきた初めてのお客さまです」といわれてしまったことがある。もう26年も前の話であるが。

あと、肌のお手入れや香水も重要だ。これもまた、フランスで学んだことである。細かいことまで気をつけているわけではないが、肌のハリひとつで、人は若々しく見える。ほんの少しの工夫で、受ける印象は大きく変わるのだ。先日はサーマクールという肌のコラーゲンを再生するという機器で、肌をきれいにしてもらった。2年ぶりに会ったアメリカ人に「出井さんの顔がすっきりしている。私もそこに連れて行ってほしい」といわれたほどだ。

何はともあれ、**「いくつになっても身なりに気をつける」という心がけそのものが、人生に適度なハリをもたせ、若々しく生きていける秘訣だと思う。**

欲しいものがあっても、すぐには買わない

年を取ったら欲しいものがなくなる、という声が聞こえてくることもあるが、僕は決してそうは思わない。それは、心がけ次第で変わる。僕はむしろ、いつも欲しいものがある。欲しいものを持つようにしている。

「欲しいものがある」ということに関しては、女性はやはり上手である。いつも欲しいものをたくさん持っている。それは、興味が持てるものに、それだけ機会をつくって触れている、ということだろう。

逆にいえば、男もちゃんと考えれば、欲しいものはちゃんとあるはずである。例えば僕は、40代が選ぶゴルフクラブと、60代になって体力が落ちてきてから使うゴルフクラブとは違うと思った。シャフトの選び方ひとつとっても違うのだ。

趣味もそうだが、**持ち物も年齢に合わせて「リポジション」していくことも必要で**

はないか。もちろん長きにわたって愛用している品もある。それとは別に、今の自分だからこそ持てる物を手にするのだ。若い人だから似合う流行のファッションを、年寄りが無理して身にまとうのは痛々しい。若づくりと若々しさは似て非なるものである。

「リポジション」ができる人は、TPOをわきまえている人ともいえる。

時計もそうだ。TPOに合わせて、身につけるものがあっていい。結婚式はこれ、スポーツのときはこれ、と、用途ごとに決めておくのもいいが、「〇〇の会につけていくのはこれが面白いのでは」と、使う場面を想像して選ぶのもいいだろう。

単に「時計のひとつでも買うか」ではなく、より具体的にイメージしながら興味をもって探しにいかないと、実はなかなか欲しいものは見つからない。当然、欲しいものがなければ、好奇心は働かない。

加えて心がけているのが、「欲しいものがあってもすぐには買わない」ことである。**欲しいと思っている期間が長ければ長いほど、情報が集まり、楽しめるからである。**

欲しいものがあったら、純粋に楽しい。わくわくする。欲しいものの値段は関係ない。「これが欲しい」と思って買い物に行くのは、けっこうストレス発散になる。このプロセスを、「欲しいものをすぐに買わないこと」で、楽しんでしまうのである。

欲しいものに興味を持つと、いろいろと自分で調べるようになっていく。ゴルフのクラブにしても、徹底研究することになる。ゴルフのシャフトについて話せといわれたら、それこそ僕はワインよりも詳しいと思う。

昔はあんなに飛んだ、という振り返りを僕はしたくなかった。それよりも「飛距離を落とさない方法がクラブにあるのではないか」と考えたのだ。世間では「年を取ったら柔らかいシャフトがいい」といわれていたが、それは嘘だということを実験して突き止めた。そして、硬いシャフトのゴルフクラブを、メーカーと共同でつくってしまったりもした。

欲しいものを探し求めることで、新たな知見が得られたり、思わぬアイデアにつながったりする。そう考えると、欲しいものがすぐに手に入らないというのは、悪いことではないと思う。

欲しいものは、モノに限らない。

こんなふうにしたい、あんなふうにしたい、という思いも同様である。むしろ、年を取れば、こっちのほうが多いかもしれない。

若くてベンチャーに成功して大金持ちになった人に、僕はこうアドバイスする。

「欲しいものはすべて買ってしまえ」

そうすると、すぐに飽きてしまうからである。浮かれているときに、何でも買ってしまったほうがいいのだ。そうすると、どんな人でも2年くらいで飽きる。実際、「出井さんがおっしゃっていたとおり、もうすべて飽きました」という声が返ってくることが多い。

要するに、お金で買えるものは、実はわずかだということに気づけるのである。

成功者は最後に、みんな飛行機を買う。しかし、飛行機や船を買って「所有」したところで、果たしてどのくらい満たされるのであろう。

それよりも、やはり**充実感を味わえるのは、経験を積むこと**である。

旅行しかり、音楽しかり、誰かと一緒のスポーツしかり、食事しかり。こういうこともまた、「欲しいもの」のひとつだと僕は思っている。

そのためにも、上手に「欲しいもの」とつき合うことだ。

それこそ「欲しいもの」とは自分がやりたいことであり、進みたい先にある。そこにこそ、自分の未来のヒントが詰まっている可能性がある。

パートナーを、積極的にいろんな場に連れて行く

大切な存在であるパートナーとの時間も、一人の時間と同じくらい大切なものである。また、配偶者をどう捉えるかは、「リポジション」にも大きな影響を与える。

先にビジネスパーソンにとっての3つの時間について書いた。第一の時間は仕事、第二の時間は家庭、第三の時間は一人になれる時間である。

いい仕事環境を、あるいはいい人間関係をつくっていく上で、配偶者は極めて重要な存在だと思う。当然、「第二の時間」である家族との時間をどう使うかも大事だ。

海外では、パーティなどはカップルで招かれる。フランス駐在中は、いろいろな場に妻を同伴することになった。日本に戻ってきてからも、積極的にいろいろな場に妻を連れて行った。

政治家もそうだし、経営者や芸能界の人でもそうだが、パーティやコンサートなどには夫婦連れで見えている場合が多い。そこで、積極的に妻を連れて行って、奥さん同士で話をしてもらうようにしたのである。

それこそ政治家や芸能界では、夫に代わって選挙区を守っていたり、夫の興業を支援したりして、奥さんが極めて社交的なケースが多い。こういう人たちとつながりができると、**妻にも「自分の新しいソサエティができる」**という大きなメリットが生まれる。

実はサラリーマンの奥さん（専業主婦の場合）は、近所や子供、昔の友人以外にソサエティをつくる場がほとんどない。だが、カップルとして行動することで、そこから奥さん同士で友人になり、新たなソサエティをつくることができる。実際、妻も奥さんみんなで食事に行ったり、ゴルフに行ったり、チャリティに取り組んだりするようになった。

知らない間に、どんどんソサエティが広がって、「なんか女房たちが、みんなで会っているようですね」なんて会話が、男同士で始まることにもなった。音楽会などでは、妻のほうがいろいろな人から挨拶されるほどだ。

奥さん同士が親しくなることは、僕にとってもありがたい。奥さん同士が親しいことで、男同士のつながりにも変化が生まれるからだ。「いつも妻がお世話になっているようで」という話から始められるし、共通の話題もできる。奥さん同士の仲が良いと、旦那同士も友人のような気になってくる。安心してつき合うことができるのだ。

妻同士のつながりから始まって、夫婦同士や、家族同士のおつき合いに拡大していくことも多い。これが本当に、ごく自然につき合えるようになる。

一方で、男同士のつながりから、夫婦同士のおつき合いにつながったり、家族同士のおつき合いにつながったりすることも、もちろんある。

だから我が家では、夫婦のどちらからつき合いが始まったかで、**「担当制」を敷いている。**僕が担当して相手のご主人とやりとりをして食事をしたりする日程などを決めるのか、あるいは妻が奥さんと話をして決めるのか、はっきり分かれているのである。そのほうが、話が早いからだ。

僕たちの場合は、夫婦同士が複数集まって食事をする機会もどんどん増えていった。3組、4組と集まる会が3つくらいある。

配偶者を積極的にいろんな場に連れて行くことは、自分の仕事環境や人間関係を整えていく上で、とても大きいと僕は思っている。そのためにも、どんどん巻き込んでトレーニングをしていくことだ。子育ての間は難しさもあるかもしれないが、大きくなってきたら、つとめて状況を変えていったほうがいい。

自分ひとりですべての人づき合いを担当する必要はない。妻のほうが自分より社交性があると思うのであれば、妻に任せればいい。逆もしかり。**僕は妻のソサエティに「妻のパートナー」として参加することもよくある。**

こんなふうに互いのソサエティに入り、そこからさらに新しいソサエティが生まれていくことは、豊かな人生を送る上でも、意義のあることだと思う。

妻こそ我が家のCEO

夫が家で意識しなければいけないことがある。それは、主導権を妻に渡すことだ。

僕はよく冗談で「我が家のCEOは妻です」といっているのだが、CEOとは「超偉い奥さん」の略だ。会社の中で一番偉いのがCEOだが、家では奥さんが偉い、ということである。

ときどき若い人と話をしていると、「妻の態度がどんどん大きくなっていくんです」などとこぼされることがあるが、それは当然のことである。我が家もそうなのだ。だから、それを素直に受け入れればいいのである。だから、CEOと呼ぶことにしたのだ。

実は当初は「ちょっと偉い奥さん」の略でCEOにしていたのだが、ちょっとどころではないことに気がついて、「超偉い奥さん」と呼ぶことにした。奥さんが出世したことになるわけだが、男はこのくらい考えていたほうがいいと思う。

「オレのほうが外で働いているんだ」とか、逆に「対等でなきゃいけない」とか、真正面から肩ひじ張った捉え方をするのではなく、もうちょっと肩の力が抜けるくらいの意識でいい。

それこそ、夫婦一緒に時間を過ごすにしても、見たい番組が違ってチャンネル争いが起きてしまうようなことがある。そういうときは、無理に合わせないほうがいい。男が譲って、自分の部屋にテレビを買って見ればいいだけの話である。そういうことをきちんとやっていれば、些細なことで波風を立てずに済む。

また、**妻の情報ネットワークを尊重することも重要である。**

毎日、新聞や雑誌、ネットに存分に目を通して、仕事でもたくさん情報を持っているから、「自分のほうが世の中を知っている」などと思ってはいけない。

SNSなどを使って、妻は夫以上の情報を持っていることもある。

それこそ我が家の場合も、ソニーについては今では僕より妻のほうが詳しい。「へーえ、ソニーがそんなことをしようとしているんだ」と聞かされることも多く、あるとき、「本当にソニーが好きなんだな」と尋ねてみたら、「一応、旦那がトップだった会社ですから」という返事が返ってきたことがある。

「もうとっくに退任しているんだから、ソニーのことばかりいってちゃダメだよ」と返すと、「いや、私はソニーが好きで気になるんだから」と返された。やっぱり妻は「CEO」なのである。

配偶者を尊重する気持ちを持っていれば、「こういう役割を果たしてほしい」というお願いも、正しいニュアンスで伝わると僕は思っている。奥さんだって、それでなくても忙しいのだから、無理にやらせるようなことになると、うまくいかない。僕の場合は、「ちょっと何とかやっておいてもらえないかな」と冗談っぽくいうことが多かった。

そして外に出て行くと、妻はどんどん成長する。僕はすでにそうなっているが、やがて妻たちが主催するパーティに連れて行かれたりするようになる。主催が向こうなので、僕は奥さんの同伴者で行くわけだ。そして、旦那同士を紹介されたりもする。

妻は、普段は「出井伸之の妻」だったり、娘の母と呼ばれることが多いかもしれない。しかしこういう場では逆で、僕が**「出井さんの夫」**になる。こうして逆の立場になることで、少しは妻の立場も理解できるのではないかと思う。妻の同伴者として行くパーティは、いつもより少し肩身は狭いかもしれないが、居心地は決して悪くない。

いいフォロワーになることも、いいリーダーの重要な条件である。

これは、会社での役割のみならず、夫婦間の役割も同じだと感じる。

column

子供と趣味を共有すれば、妻とも趣味を共有できる

仕事が忙しいと、なかなか家族とのコミュニケーションが取れない。そう嘆く男性陣も多いが、それは男の責任だと思わないといけない。

子供が小さいからという理由で、夫婦のコミュニケーションの時間がないのも同様だ。「今は子供を最優先にしたいから、自分の時間や夫婦の時間がつくれない」という人も。「ゴルフが好きだけれど、土日にゴルフに行ったりしたら、妻や子供に怒られる」なんてケースもそうだろう。

実のところ、僕もゴルフが好きだ。ではどうしたのかというと、娘にゴルフを習わせてしまったのである。小さい頃から一緒に練習場に行き、ゴルフ部に入れてしまったのだ。子供のほうがうまくなるのは早いから、あっという間に成長する。そうすると、娘のほうがゴルフをやりたくなる。

不思議なもので、夫がやっていても興味がないのに、**子供がやっていると、妻は興味がわいてくる**。そこで、つられて妻がゴルフを始めた。

そうすると、娘と一緒にゴルフを練習するようになる。ということで、結果として、家族で一緒にゴルフに行くようになった。夫が土日にゴルフに行っても、妻と娘は自分たちで練習したいのでまったく構わないといわれたこともある。

娘は大学で関東大会にまで出て、ホールインワンも2回、経験している。最も忙しいときは、月曜から金曜までゴルフ漬けで帰ってこないときもあった。こうなると、僕以上である。

ちょっとだけ僕が心配したのは、キャディのアルバイトをしていて、オジサンゴルファーの品の悪さを知ってしまったことかもしれない。「まさか、パパはあんなことしてないよね」というわけである。

親父の世界が筒抜けになるリスクはあるが、**子供や妻と同じ趣味を持つのは、長い人生を楽しむためにもいいアイデアだと思う。**

終章
リポジションを成功させる4つの法則

ソニーを退いて10年も経つのに、なぜ僕に社外取締役の依頼がくるのか

日本企業の2社のほか、アクセンチュア、バイドゥ、レノボと、2015年は、複数の会社の社外取締役を務めた。

今年2月に任期が切れたアクセンチュアは、9年にもわたって社外取締役を務めてきた。バイドゥも10月に卒業したが、7月からは別のグローバル企業の戦略アドバイザーを務めている。

こうしたグローバル企業が、ソニーを退いて10年も経つのに、なぜ今なお僕に社外取締役を依頼するのだろうか。

端的にいえば、**「グローバリゼーションで戦ってきた僕の経験を欲している」**ということだと思う。例えばアクセンチュアは、2001年に社名を変えてグローバル化に取り組んできた。ぜひ、手伝ってほしいといわれた。

レノボは、ハードウェアでこれから変革を経験することになる。ファウンダーから電話がかかってきて、ソニーと少しバッティングはするけれど、中国の企業を助けてほしいとのことだった。バイドゥは、ごく初期の頃に起業家の集まるミーティングで知り合い、大きくなりたい、やがてハードとソフトは一体になる、知見が欲しい、と

いうことで依頼された。

彼らが僕に期待したこと。そのひとつとして間違いなくあるのは、僕のソニー時代の経験だろう。

ソニーとはすなわち、戦後日本の経済成長の象徴だと僕は思っている。それは、「日本発グローバリゼーション」の象徴でもあった。これからグローバル化を経験する企業、とりわけアジアの国の企業にとっては、自分たちの未来の道でもある。その経験をぜひ教わりたい、ということだろう。

また、１９９０年代からの本格的なグローバル競争において、実は戦い抜いた企業は少なかった。しかし、ソニーはソニー・ピクチャーズを買い、10年かけてマネジメントをやり通し、利益を出すようになった。こういうケースは、あまり多くはないのだと思う。「戦い抜いたソニーの経験」というのを、求めているのだと思うのだ。

僕の育った時代は、日本経済が伸びた時代。いい国に成長し、国としての自信も持っていて、会社も自信があった。二重の自信があったのだと思う。貴重な時代を生きてきたと思う。そういうところも、僕に期待されるところだと思っている。

その意味では、もちろん、ソニーの社長、会長を務めたという肩書きや経験は重要だったと思うが、肩書きと同じくらいに**個人の力も重要になっている**と僕は思っている。「元ソニー代表」としてではなく「出井伸之」という一人の個人の立場で発言し、自ら「リポジション」を選択してきた結果のお声がけだと思っている。

もうひとつ、僕が常にポジティブに物事を発信してきたことも影響しているかもしれない。夢の話やビジョン、日本や世界の未来について多く語る経営者は、実は意外に少ない。経営にとって、とても大事なものであるにもかかわらず、である。

将来、どんな会社になりたいか。どんな会社になっていたいか。その夢を一緒に描き、実現していけるかどうか。**夢を語れる人が、今、求められている**のだと思う。

改めて、なぜリポジションが必要なのか

成長期のソニーでの経験は、グローバル企業のみならず、国内外のベンチャー企業にも、多少なりともお役に立てていると思う。なぜなら、大きな変化の時代を生き抜いてきたからだ。

僕は、戦後からの大変動の時代を生き抜いてきた。そこで起こったことは、先に述べたとおり、**価値観の大転換**だった。とりわけ終戦を7歳で迎えたことは大きかった。

72歳の人と77歳の僕とでは、たった5歳の差なのだが、まったく違う経験をしている。終戦時に記憶があるかないかは、実に大きな違いなのである。

この本の中で、終始リポジションの重要性を説いてきたのは、変化の激しい時代の中で、絶えず価値観の大転換が起こっているからに他ならない。

価値観の大転換を受け入れ、積極的に変化を起こせる人になれるか。

これからの時代は、変われる人しか生き残れないのである。

次ページの表をご覧いただきたい。

あなたの年齢と表を見比べていただければと思う。平和な日本にいても、誰もが何らかの「大転換」を経験していることに気づくと思う。世の中の変化は、知らず知らずのうちに、暮らしや個々の価値観にも影響を及ぼしている。それゆえ、大きな変化の中に自分がいることを、つい忘れてしまいがちだ。

だからこそ、「変化」に対して、もっと意識的になる必要があるのだ。

あなたの年齢と
時代の変化を比較してみよう

	1945年	1970年	1985年	1990年	1995年	1997年	2000年	2008年
	終戦	安保闘争	プラザ合意	バブル崩壊	インターネット開放	アジア通貨危機	ITバブル崩壊	リーマンショック
出井伸之（77歳）	7歳	32歳	47歳	52歳	57歳	59歳	62歳	70歳
60歳		15歳	30歳	35歳	40歳	42歳	45歳	53歳
50歳		5歳	20歳	25歳	30歳	32歳	35歳	43歳
40歳			10歳	15歳	20歳	22歳	25歳	33歳
30歳			0歳	5歳	10歳	12歳	15歳	23歳
20歳					0歳	2歳	5歳	13歳

誰もが知らず知らずのうちに
大転換を経験している！

個と個の信頼関係から、アジア諸国との友好関係につなげていく

グローバル企業の社外取締役以外にも、中国の清華大学のアドバイザリーボードのメンバーにもなっている。

ソニー時代に就いた職だったが、ソニーを辞したときに一度離れたのに、2年ほどしてまた呼び戻された。いまや僕にはなんの肩書きがないのだが。

呼び戻してくれたのは、元元首/第5代国務院総理・朱鎔基《しゅようき》さんだった。

朱鎔基さんは、僕のことを「ノブユキさん(伸之さん)」とファーストネームで呼ぶ。これも、僕はメッセージだと思っている。僕と親しさをアピールすることで、世界の全経営者に日中友好を発信しているのだと思うのだ。

僕自身も、毎年、清華大学ではひとクラスで授業をやらせてもらって、日本と中国との問題を取り上げた。学生とも本当にフランクに話せたし、とても面白かった。

実際、中国の人は、かなり若い人まで僕のことをよく知っている。「出井伸之」というのは、日本語や英語で発音せずに、中国語で発音すれば、ほとんどの人が知っているとビジネスパーソンにも教わった。著書も翻訳されている。

また、ソニーの社長時代、僕は1995年に中国プロジェクトを始めて、中国に行くぞ、と宣言している。それに呼応してくれたのが若い事業部長で、彼がソニーのカメラ事業を大きく伸ばしてくれた。

もうひとつ、僕の知名度を高めたのは、2000年頃、経団連の日中友好30周年の日本側の責任者を務めたことである。

当時の日本企業の多くは、まだ中国の重要性について気づいていなかった。だから、誰も責任者をやろうとしなかった。そこで、僕が手を挙げた。日本と中国と衛星中継をやったりして、友好的な雰囲気があった。そこに貢献してくれたという思いが、彼らの中にはあるのだと思う。

それこそその後も、僕たちが考えたのは、日本にやってきた大使を大切にしようという取り組みだった。代々の大使を軽井沢に招いたり、日本のビジネスパーソンたちをたくさん紹介したり。もう何代も続いている取り組みだ。

民間外交の努力は、どんな形で花開くかはわからない。

でも、そんなふうにして、**個と個との信頼を築くことで国家の友好関係につなげていく方法もある**と思う。

多くの日本人が、中国のみならずアジアの国々と、よりよい関係を築けたらいいと思っている。

日本もリポジションが求められている

「リポジション」は僕の人生を大きく変えることになったが、「リポジション」が必要なのは、個人だけではないと僕は思っている。

国も同様だ。とりわけ日本という国がこの先も長く繁栄していくには、できるだけ早いタイミングで「リポジション」することが求められると僕は思っている。

これからやらなければいけないのは、**新しい富をつくっていくことができる新しい「OS」をいかにつくっていけるか**である。

たとえ一時的に居心地が悪くなっても、思い切って今の延長線上じゃないところにジャンプしなければいけないのだ。まさに「リポジション」である。そうしなければ、長期的な繁栄はない。長期的な富の蓄積はないのである。

産業界が主導するシンポジウムなどに行っても、実はがっかりすることのほうが多い。例えば、ゲームの未来と銘打ったシンポジウムに出たことがある。ゲーム業界を動かしている人たちが集まり、いろんな話が展開されていたのだが、寂しい思いがよぎった。

なぜなら、そこで語られていたのは「ゲームの未来」ではなく、9割以上は、「どうやって自分たちがうまくいったのか」という話ばかりなのだ。

たまたま関係者のお嬢さんが隣に座っていたので、「ゲームの過去」とメモを書いて差し出したら、大きくうなずいていた。

未来がテーマといいながら、結局、過去の苦労話と成功話、そして現状認識ばかりなのだ。その延長線上で考えよう、ということなのである。未来の話をしていないのである。そして、どのくらいの人が、「未来の話をしていないぞ」と気づいたか。

実際のところ、未来を語るのは難しい。簡単にはいえない。しかし、だからこそチャレンジする意味がある。

未来とは、端的にいえば、ステージが変わることである。ゲームでいえば、プラットフォームやOSである。これこそ、まさに「リポジション」を考えることなのだ。

未来の話をするために、「リポジション」発想を持たなければいけない、ということである。

では、日本の国は、日本の産業界はどう「リポジション」していくのか。

これこそまさに、今後のライフワークとして僕がお手伝いしていきたいところである。アメリカのみならず、ロシアや中国とどうつき合っていくか。どんなリーダーが必要で、何をしていく必要があるのか。リーダーの能力とは、ビジョンがあること、行動力があること、チームをつくること。その能力を、どう育成していくか。

最近の関心事はもっぱら人工知能である。人工知能がどのように社会を変化させるかについて、いろいろな人たちと討議している。そこでの意見をまとめて、後日提言をする予定だ。

また、僕はアジア・イノベーターズ・イニシアティブ（ＡＩＩ）というＮＰＯ法人の理事長を務めている。このＮＰＯ法人ＡＩＩは、アジア・日本発のイノベーション創出のための、有機的な人財プラットフォームを目指して創設した。21世紀のルールチェンジャーになるような若い人材を発掘し、彼らと一緒に未来を探り、創っていくことが目的である。

ＡＩＩの活動の集大成の場として、アジア・イノベーション・フォーラム（ＡＩＦ）を毎年開催している。２０１５年12月に開催する第8回ＡＩＦの全体テーマは、「２０２５年」。マクロ経済のトレンドや、前述した人工知能も含むテクノロジーの変化、国家や企業そして個人、それぞれの観点から（10年後の）２０２５年はどうなっているのか、またどうしていくべきであるか……。

国籍や年齢、またバックグラウンドも異なるオピニオンリーダーたちが一同に集結し、議論していく予定だ。

ここでの議論をベースに、今後のアジア・日本がどうするべきか、社会的にインパクトのある提言を創出できると考えている。

やりたいことがたくさんある。

Ｙ２Ｙ（Young to Young）という若手企業家（起業家、ビジネスパーソン）をつなぐ会や、脱藩浪人（大企業で活躍し、大企業を飛び出したシニアたち）の会も計画している。今はまだ、それぞれの世代の横のつながりをつくる会だが、やがては、シニアと若者をつなぐ（Ｓ２Ｙ／Senior to Young）の会へと成長させていきたい。

多くの企業や個人が変革の壁に直面している。まさに「リポジション」が求められているのだ。そんなときに、ありがたいことに僕に声をかけてくれる人たちがいる。だから、僕をどんどん利用してもらったら、と思っている。僕だけではなく、戦後の大変動を駆け抜けたシニアたちの経験も、若者たちの未来に役立ててもらえたらと思っている。結果的にそれが日本の産業界に、日本のために、役立てば本当にうれしい。

リポジションを成功させる「生き方の4つの法則」

あなたの中には、まだ多くの才能が眠っている。その才能を目覚めさせるには、新しい環境に身を置くことが重要だ。

リポジションである。新しい場所に身を置くことだ。

具体的には、次の3つである。

1. 職場の転換
2. 日本を外から見る
3. まったく新しいことに挑戦する

1は自分の意志でできないこともあるだろうが、2と3、特に3は、今すぐにできる。入社して5年、10年と経つと、当たり前の繰り返しの中にいることにさえ気づけなくなる。振り返ってみてほしい。「そういえば、この1年、何ひとつ新しいことをしなかったな」という人は多いだろう。

もっと「自分を超える」ことを、意識してみよう。

楽しい充実した人生のためには、環境の変化が必要だが、ただ変わればいいというわけではない。変化にはリスクはもちろん、時には失敗を伴うことがあるからだ。失敗そのものは悪いことではない。肝心なのは失敗を失敗で終わらせてしまうのではなく、失敗を「成功の一部」にできるかどうかである。失敗で終わる人と、成功の第一歩にできる人の違いは、その人の「生き方」にある。

そこで出てくるのが、リポジションを成功させる「生き方の４つの法則」だ。

法則１　「志」「目標」を立て、達成のために腹をくくる
法則２　ポジティブに物事を捉える。失敗したときも、危機でなく次のチャンスと捉える
法則３　あなたのチーム、あなたの周りの人たちを大切にする
法則４　何事にも感謝する心を持つ

この法則の逆を考えてみると、より理解しやすいだろう。

- **人生の目標は「お金」だ**

リポジショニングを成功させる「生き方の4つの法則」

法則1	「志」「目標」を立て、達成のために腹をくくる
法則2	ポジティブに物事を捉える。 失敗したときも、危機でなく次のチャンスと捉える
法則3	あなたのチーム、あなたの周りの人たちを大切にする
法則4	何事にも感謝する心を持つ

↑

4つの法則の「逆」の考え方は…
・人生の目標は「お金」だ
・いつもネガティブに考え、悪い方向へと進んでいく
・「オレ」が一番で、仲間はどうでもよい
・感謝の心より、妬み・嫉妬の心が先に立つ

一度しかない人生、
あなたはどちらを選ぶか?

●いつもネガティブに考え、悪い方向へと進んでいく
●「オレ」が一番で、仲間はどうでもよい
●感謝の心より、妬み・嫉妬の心が先に立つ

一度しかない人生、あなただったら、どちらを選ぶだろうか。

運・チャンス・良い人との巡り合いは、ポジティブな心の人にやってくる。いいリポジションも同様だ。あなたが自覚していない才能は、ポジティブな思考から開花する。そう、人生を楽しく充実したものにできるかどうかは、ちょっとした心の持ちようなのである。

未来へのメッセージ

最後に、ここまで読んでくれたあなたへ、「未来へのメッセージ」を贈りたい。

今後10~20年であなたが経験するのは、世界全体が江戸時代から平成の今日に至る変化に匹敵するような、**大転換点の変化**である。

静かな変化はもう始まっていて、気がついたときは、変化が津波のように世界中に

押し寄せ、あなたの人生、あなたの企業、そして日本に、世界に、大変化が起こるだろう。

僕の経験した半世紀（20～70代）の急激な変化は、これから15年も経たずして必ず起こる。今はまだ、20世紀と21世紀の中間にいて、どちらかというと「20世紀の延長線上」にいる。だが、これからは違う。

では今後、何が起こるのだろうか。

今まで対極にあったものが、融合・統合され始めるだろう。

1．資本主義と社会（共産）主義

アメリカの資本主義（言論の自由と資本）とロシア・中国の国家社会主義は、影響し合い、第三の社会体制を創るだろう。

2．ネット社会と実社会、金融業（虚の世界）と製造業（実社会）

現在、急速に進歩しているネット社会はＯ２Ｏ（オンラインｔｏオフライン）を目指している。非ネット系の大企業もネットを取り入れ、新しいビジネスモデルを考えている。日本では残念ながらネガティブな報道で名を知られてしまった「ビットコイン」などの仮想通貨は、世界中に新しい通貨決済方法を生み出そうとしている。

今までネット企業と製造業は分かれていたが、今後は金融業も含め、新しいビジネスモデルを持つ企業が現れる。

車は自動運転になるか

車は自動運転になるのだろうか。この議論を中国の清華大学の学生と日本のビジネスパーソンが対話をしているうちに、面白い意見が出た。

「きっと将来は『人間が運転している車』というだけで違反になるかも」

今の東京を考えると、自動運転の時代がくることは考え難いのだが……。しかし、江戸時代では自動車という存在そのものを誰一人考えることができなかったのと同じく、未来は今の東京の延長線上にないだけなのかもしれない。

教育システムの未来は？

教育はどうなっているのだろうか。

社会に順応する人を育てるために教育システムがあり、学校がある。僕は数年前、ロンドンでの経営大学院で「ケーススタディよ、さようなら」というスピーチをして、先生からはしかめっ面で見られたが、学生たちからは拍手喝采だった。もはや企業のケースを勉強しても、未来の解はない。今の延長線上に明日はないのだから。

記憶力中心の入試システムから、仮説を自分で考え、それに対し複数の考え方をまとめ、自らの意見として発表するという教育に変化しつつある。グローバル教育では、政治、社会体制、宗教、考え方を深く掘り下げていくだろう。また、平均レベルを上げる教育から、天才児の発見や、その才能を伸ばす教育も求められる。

人工知能は人間を上回る!?

人間を超えるヒューマノイドが人間と対立するというハリウッド映画は、最近たくさん増えた。人工知能は未来に新しい危機とチャンスをもたらすだろう。

2045年はシンギュラリティ(特異点)として、人工知能が人類全体の知能を上回るといわれている。たった30年後のことだ。

ソニーの成長に負けないよう、「個の力」をつけてソニーと同じように成長していこうと心に決めたのが25歳のときだった。僕がソニーとともに成長した時代よりも、これからの社会の変化のほうが、倍以上速い。それゆえ、あなたには、「個の力」を伸ばすことに、力を注いでほしいと思う。

「個の力」の伸ばすためにするべきこと

個人の能力を高めるために、何をするべきだろうか。

1. 理系・文系の学校の分類で考えることをやめ、自分の好きなことを見つける

絵画なら、昔からの歴史と変遷を勉強する。音楽も同じ。発達、進歩、変化を時系列的に考えてみるのだ。宇宙が好きなら時系列的に科学の発展を学び、未来に何が起こるかを想像してみる。ビジネスが好きなら、経済学理論の発達を学ぼう。経営学のような、ある企業ケースを勉強することは、これからの時代、さほど意味を成さない。しかし、理論からは、成長や変化の本質・法則が勉強できる。

将来、何を得意分野として選んでも、その分野の成長を支配している「法則」を学ぶことが重要だ。実社会では、文系・理系双方の領域は分かれていない。人生には両

方の考え方が必要なのだ。

２．あらゆることに興味を持つ

ある分野の理論（Ｔｈｅｏｒｙ）を理解すると、他の分野でも未来が見えてくる。好奇心を持ち、いろいろな分野の変化を考え続ける。異分野・異文化の人と接点を持ち、学び、吸収する。

インターネットに興味を持てば、インターネットの世界がどう進歩してきたかに興味を持つ。そうすると実にたくさんの技術の進歩を身につけることができる。例えば「ムーアの法則」とは何かを知るだけで、実に楽しい世界が広がるのだ。

虫の目、鳥の目、森を見るときの葉の上の虫の目、空から見るときの鳥の目が必要だ。何事も全体から見る力、木を見る力、葉の上の虫のように部分をしっかり見る力が人生には必要なのである。これらの力を意識することで、あなたは「スーパーゼネラリスト」に変化し、「スーパークリエイター」へと導かれる。

「スーパークリエイター」とは、過去ばかり振り返るFeed Back人生ではなく、より未来の変化を楽しめるFeed Forward人生を送る人たちのことだと考える。

温故知新（FB）× 訪未創新（FF）

古きを訪ねて新しきを知る×未来を考え仮説を立て新しい価値を創る。

僕のメッセージが、何らかの参考になればうれしい。

最後になったが、本書の刊行にあたっては、ダイヤモンド社の和田史子さんには大変お世話になった。また、構成・編集の作業を進める上では、ブックライターの上阪徹さんにご尽力いただいた。この場を借りて、感謝申し上げたい。

本書が多くの人の生き方に、少しでもお役に立てれば幸いである。

２０１５年10月

出井伸之

［著者］

出井伸之（いでい・のぶゆき）

クオンタムリープ株式会社 代表取締役 ファウンダー&CEO。

1937年東京都生まれ。早稲田大学政治経済学部卒業後、1960年ソニー入社。オーディオ事業部長、コンピュータ事業部長、ホームビデオ事業本部長などを歴任後、1989年取締役就任。1995年から2000年まで社長兼COOとして、2000年から2005年までは会長兼グループCEOとして、約10年にわたりSONY経営のトップを担った。2005年にソニー会長兼グループCEOを退任後、クオンタムリープ株式会社を設立、現在に至る。

他に、フリービット、レノボ・グループ、マネックス・グループの社外取締役や、清華大学アドバイザリーボードなども務めている。

著書は『日本大転換』『日本進化論』（ともに幻冬舎新書）、監修は『進化するプラットフォーム』（角川学芸出版）など。

変わり続ける

——人生のリポジショニング戦略

2015年12月3日　第1刷発行

著　者——出井 伸之
発行所——ダイヤモンド社
〒150-8409　東京都渋谷区神宮前6-12-17
http://www.diamond.co.jp/
電話／03･5778･7236（編集）03･5778･7240（販売）

編集協力——上阪 徹
装丁･本文デザイン——水戸部 功
本文DTP——桜井 淳
校正————鷗来堂
製作進行——ダイヤモンド･グラフィック社
印刷————堀内印刷所（本文）・慶昌堂印刷（カバー）
製本————川島製本所
編集担当——和田 史子

ISBN 978-4-478-06189-3